AF242465

LA FRANCE

ET

L'EMPEREUR

EN 1869

VERSAILLES. — IMPRIMERIE CERF, 59, RUE DU PLESSIS

LA FRANCE

ET

L'EMPEREUR

EN 1869

PAR

LE Cte DE DELLEY DE BLANCMESNIL

Prix : 1 fr. 50 c.

PARIS

ARMAND LECHEVALIER, ÉDITEUR

RUE DE RICHELIEU, 61

1869

AVANT-PROPOS

———

Au milieu d'une crise politique, la plus grave, peut-être, que puisse traverser une nation, alors qu'il s'agit de la translation des pouvoirs à peu près illimités du souverain au peuple qui les lui avait donnés et qui entend les lui reprendre, nous croyons qu'il peut être utile de tracer un tableau impartial de la situation, et d'établir une sorte de *bilan* où soient placés en regard et ce qui doit rester au prince et ce qui doit revenir au pays, dans le véritable intérêt de l'un et de l'autre.

Le problème qui se présente paraît simple, si l'on se borne à l'énoncer. Mais cela ne suffit pas pour le résoudre. La France veut rentrer en possession d'elle-même, ce point est incontestable ; et quoique cette phrase qui traduit un fait immense soit devenue banale à force d'être répétée de toutes parts, on ne se rend guère compte d'aucun côté, d'une manière nette et précise du moins, des conditions que doivent admettre mutuellement et des concessions réciproques que doivent se faire le Monarque et le Pays, afin d'éviter, par une transaction pacifique, une révolution violente qu'amènerait inévitablement un conflit.

La France *a abdiqué* en 1851 et 1852, à terme d'abord puis indéfiniment. Elle n'a pas marchandé ses libéralités ; elle s'est donnée tout entière, corps et biens. Le suffrage universel l'a jetée à un homme, pour que cet homme en fît ce qu'il voudrait.

Elle a pu recueillir quelques avantages de sa profonde défiance d'elle-même, égalée seulement par sa suprême confiance dans son mandataire. Mais s'il y a eu parfois quelque bénéfice à l'action aussi prompte et aussi irrésistible qu'elle était souvent inattendue, d'un pouvoir absolu, la France a eu, d'un autre côté, trop d'occasions de regretter amèrement de s'être inféodée à un maître qui, comme tous les hommes, et surtout comme un homme qui peut tout oser, est exposé par confiance en lui-même, par faiblesse, par aveuglement, par l'envie de tout faire et même par l'envie de trop bien faire, aux tentations et aux entraînements les plus périlleux, aux aventures les plus désastreuses.

Puis, en dehors des vrais griefs qu'elle peut alléguer contre un pouvoir arbitraire, elle éprouvait, il faut le reconnaître, dans cette voie où elle marchait en aveugle, une impatience fébrile causée par la fermentation d'une volonté qui n'avait plus d'issue.

C'est cette marche de l'opinion publique sous le régime dictatorial et la situation qui en est la conséquence que nous entreprenons de décrire. Nous accompagnons ce compte-rendu des réflexions qu'il semble devoir suggérer.

Une première lettre expose les causes, le sens et la portée des dernières élections générales en mai, les conséquences qu'elles doivent avoir, c'est-à-dire les modifications à la constitution qu'elles imposent, enfin les moyens pratiques qui se présentent de réaliser les réformes nécessaires. Cette lettre n'embrasse que l'espace de temps qui s'est écoulé entre les élections du mois de mai et la première réunion de la nouvelle assemblée.

Dans une seconde lettre, nous examinons le caractère et les conditions du nouveau contrat qui doit être conclu entre l'Empereur et le Pays, pour fixer complétement et clore l'œuvre de transformation politique qui est en voie de s'accomplir. Cette lettre expose la conduite que la logique semble indiquer pour atteindre ce but. Elle s'arrête au moment de la réunion actuelle du Parlement, à l'occasion de laquelle l'Empereur a prononcé un discours. Nous croyons devoir reproduire ce discours, par l'examen duquel nous chercherons à nous rendre compte de l'attitude de l'Empereur vis-à-vis du **Pays**, du pas qu'il a encore fait en avant, quoique sans atteindre le point où il doit arriver pour faire disparaître l'inquiétude que provoque le pouvoir personnel. Les intentions probables de Napoléon III, la position qu'il semble vouloir conserver se trouveront ainsi mises en regard des déclarations que nous pensions qu'il était préférable qu'il fît et de la situation réelle où les circonstances actuelles l'ont placé. Quelques réflexions, d'ailleurs, précéderont la reproduction de ce discours.

Voilà les explications et éclaircissements que nous avons cru nécessaire de donner, pour que l'on pût comprendre notre but, qui serait bien heureusement atteint, si nous avions pu traduire la pensée qui existe dans beaucoup d'esprits, et si un grand nombre de nos concitoyens, en rencontrant exposées dans ces pages les questions capitales que tout le monde se pose aujourd'hui, et dont ils cherchaient, dont ils avaient peut-être pressenti ou trouvé la solution dans un sens analogue au nôtre, se ralliaient aux conseils que nous nous permettons de donner. Nous croyons que le Pays pourrait y puiser sa force avec l'espoir de vaincre, autant que possible, le mal de la peur et la peur du mal et de fonder enfin la paix et la sécurité sur une véritable, c'est-à-dire sur une sage liberté.

LA FRANCE

ET

L'EMPEREUR

EN 1869

—

PREMIÈRE LETTRE

LA FRANCE

ET

L'EMPEREUR

EN 1869

PREMIÈRE LETTRE (1)

Je me suis demandé si je publierais cette lettre... Obscur citoyen, à quel titre parlerais-je à mes concitoyens et surtout au gouvernement? Mais le moment des timidités est passé, et quiconque a la conscience que son pays marche à un grand péril doit travailler, pour sa part, à chercher et, s'il est possible, à découvrir une voie de salut.

(1) Cette lettre, donnée à l'impression au mois de juin, n'a pu paraître. Sa publication rencontra des obstacles que ne put vaincre la volonté de l'auteur, et dont le principal était l'interdiction légale, redoutée alors, de discuter la constitution, interdiction dont de courtes brochures avaient surtout à craindre les effets.

La masse de la nation, jusqu'à cette heure, repousse l'idée d'une nouvelle révolution. Aujourd'hui la France, et l'on peut dire à peu près tous les peuples aspirent à la tranquillité au dedans et au dehors. De leur côté, tous les souverains à l'envi *affirment* la paix.

Et cependant on sent instinctivement que rien n'est stable ni assuré. On s'inquiète même de ce calme lourd et énervant qui trop souvent présage la tempête. Une fièvre latente mine les sociétés. Les appréhensions, les frissonnements qui révèlent ce mal obscur ne peuvent-ils être interprétés et aider à trouver les moyens, sinon d'écarter pour toujours, au moins de rejeter dans le lointain une crise qui est menaçante?

Le suffrage universel est un instrument pacifique, parce qu'il est irrésistible; il est aussi un instrument terrible, parce qu'il peut mettre, à un jour donné, la société sens dessus dessous. Toutefois, malgré ses dangers, à une époque où les résultats positifs seuls font autorité, le suffrage universel, ce triomphe matériel de la souveraineté du peuple, s'impose nécessairement avec la démocratie qui s'étend partout et dont il est la voix. On ne peut l'empêcher de régner; je dirai plus de gouverner.

Si la société ne renferme que des éléments pervertis, il est évident qu'elle est perdue, comme un corps atteint de la gangrène. Mais si les organes vitaux sont encore suffisamment sains, un mal sourd, quoique plus redoutable qu'un mal aigu, peut être conjuré.

Outre le sens moral, que les plus fausses, les plus absurdes et les plus détestables doctrines s'efforcent d'obscurcir et de corrompre (l'éducation est le seul palliatif à ce mal, le plus dissolvant de tous les maux), il y a un sens politique qu'il faut consulter et par conséquent étudier.

Le suffrage universel a cet avantage qu'il traduit la volonté, les entraînements des masses au moment où il parle. C'est cette souveraineté du moment, emportant tout de haute lutte, et pouvant s'exercer en sens contraires à des époques rapprochées, qui rend le suffrage universel incapable de rien fonder, c'est-à-dire rien créer qui ne relève de son suprême bon plaisir. La souveraineté que sa souveraineté peut déléguer à perpétuité n'est qu'une dérision, à moins qu'il ne *s'abdique* lui-même. Et eût-il renoncé à lui-même, il saurait bien *se reprendre* et se rétablir, pour défaire ce qu'il a pu faire. Il faut donc se rendre compte de ce que les masses veulent dire dans l'expression que manifeste le suffrage universel à l'instant où il parle.

La constitution du second empire a été consacrée par sept millions de voix. Ce fait est incontestable. Mais que signifiait réellement ce vote presque unanime? La peur de l'anarchie se réfugiant dans une illustre dictature. Et comme la peur veut se tranquilliser pour le temps le plus long possible, elle a admis l'hérédité indéfinie de la souveraineté dans la famille du premier consul, Napoléon Ier, c'est-à-dire dans la famille de celui qui avait clos une première révolution et une première république par un premier empire. Le pouvoir héréditaire, délégué à perpétuité, n'était donc implicitement qu'un accessoire et devenait, à cause de sa source même, une véritable contradiction. Cela est si vrai, que Napoléon III s'est fait élire.

Cela est si vrai, que des amis de Napoléon III n'ont pas craint de dire que si les *anciens partis* rendaient la marche du gouvernement impossible, l'Empereur ferait usage de l'article V de la constitution qui lui donne le droit de faire appel au peuple.

Le gouvernement actuel est-il acculé à une impasse qui mette Napoléon III dans la nécessité de provoquer un nouveau plébiscite?... Nous en sommes convaincu.

Le suffrage universel qui aujourd'hui vient d'envoyer au Corps législatif presque tous les mêmes noms, y envoie cependant des députés *autres*. Leur mandat est renouvelé, mais modifié... Les candidats oficiels ont pris soin eux-mêmes de marquer en quoi leur mission devait différer. On pourrait même, sans chercher beaucoup, trouver des déclarations d'*inconstitutionnalité* dans les engagements qu'ils ont pris pour se recommander à leurs électeurs. La nouvelle Chambre est régénérée ou dégénérée, suivant le point de vue où l'on se place. Mais évidemment le cours des choses ne peut être le même. Et si la constitution demeure telle qu'elle est, elle sera boiteuse dans sa marche, c'est-à dire entraînée dans la pratique du côté opposé à ses principes théoriques.

Si le gouvernement veut lutter pour maintenir la lettre de la constitution, c'est une révolution qu'il provoque.

Evidemment le gouvernement personnel, qui représentait la dictature, a fait plus que son temps. Celui qui exerçait ce pouvoir discrétionnaire l'a bien senti lui-même. Eût-il été à l'abri de toute erreur et de tout reproche, la perfection de ses vues et de ses actes aurait encore fatigué la nation. Quand un peuple a mis la main à ses affaires, il a beau se choisir un mandataire général, qui, lorsqu'il est investi de tous les pouvoirs, est un véritable maître ; il a beau avoir reçu et enregistré la déclaration que ce maître est responsable (1), stipulation qui repose sur la plus étrange imagination (car en quoi la responsa-

---

(1) L'Empereur constitutionnellement est responsable, mais il est impossible de l'atteindre, légalement couvert qu'il est par l'article 2 du sénatus-consulte du 7 novembre 1852 qui rend le pouvoir de Napoléon III héréditaire dans sa race, à plus forte raison irrévocable dans sa personne, et par l'article 1er de la loi sur la presse du 27 juillet 1849, qui interdit toute attaque contre les droits de l'autorité que le chef de l'Etat tient de

bilité de celui qui a pu tout perdre peut-elle rien sauver ou réparer, lorsqu'il n'a que sa personne *théorique* ou ses bonnes intentions à offrir en dédommagement?), quand un peuple, disons-nous, a mis une fois la main à ses affaires, il éprouve le besoin, fût-ce à tort, et plus tôt ou plus tard, de les faire encore lui-même... Disposât-on de lui pour son plus grand bien, au bout d'un certain temps cette tutelle, l'eût-il créée lui-même, lui pèse et l'irrite; et s'il est fondé à croire qu'on n'a pas géré ses intérêts *au mieux*, il s'emporte en récriminations qui ne peuvent aboutir qu'à la modification des pouvoirs donnés ou au renversement de celui qui les avait reçus. Voilà la responsabilité comme il l'entend, et elle ne peut être entendue autrement. En un mot, un peuple qui a été libre *n'abdique* que quand il est complétement déchu. C'est celui en faveur de qui il s'est démis de sa souveraineté qui doit abdiquer, non sa couronne

la constitution. La déclaration de responsabilité, qui n'a aucune sanction et n'est accompagnée d'aucun moyen de mettre en jugement ou de traduire devant aucun des corps politiques, ni devant aucune juridiction, celui qui est responsable, est donc complétement illusoire. Cette déclaration constitutionnelle est en contradiction flagrante avec l'institution même du pouvoir impérial et les interdictions dont le couvre la loi.

Quant au droit de l'appel au peuple, qui pourrait seul rendre sérieuse la responsabilité, si le Corps législatif pouvait l'exercer, ce droit, par l'article 5 de la constitution, n'appartient qu'à l'Empereur. On peut remarquer que cet article 5 donne le droit d'appel au peuple précisément à celui qui est responsable, c'est-à-dire à celui contre lequel surtout ce droit devrait être exercé.

mais son omnipotence. Incontestablement nous en sommes-là.

La question est de trouver comment le chef de l'État, qui ne peut se sauver, lui et le pays, qu'en prenant l'initiative de cette transformation, arrivera de la manière la plus sûre, la moins dangereuse du moins, à cette évolution constitutionnelle, à ce fractionnement de l'autorité, qui laisserait subsister l'institution impériale dynastique à côté de l'action souveraine et incessante du peuple, le peuple se gouvernant alors sous l'égide d'un pouvoir couronné, mais restreint.

Si l'Empereur, qui depuis les concessions libérales que son intelligence lui a inspirées, veut, en avançant, équivoquer sur les concessions anticonstitutionnelles que chaque jour il fait dans la pratique, il n'y aura ni netteté ni sûreté dans ce travail qui consistera à nier en principe ce qui sera accordé en fait. La position reste fausse et périlleuse. On croit voir à chaque instant que ce qui a été cédé va être repris. La réaction s'encourage et se nourrit de cet espoir. La liberté, même la plus sage, s'en inquiète, et s'engage alors plus qu'elle ne voulait dans une voie d'opposition qui dépasse même ses intentions, exagérant ses exigences de peur de ne pas assez obtenir.

La force du premier empire, comme celle du second, ils l'ont puisée, à leur origine, dans l'assentiment populaire. Mais l'avénement de ces deux pouvoirs suprêmes a sa signification propre qui les sépare. Le premier empire, quoiqu'il n'eût pas pris la guerre pour *devise*, représentait évidemment la gloire et la puissance militaires portées au plus haut point; et le second empire, malgré les guerres qu'il a faites, avait pris pour cri ces mots qui lui attirèrent tant de partisans : L'*empire, c'est la paix.* C'est donc par le peuple et avec le peuple que s'établirent le premier et le second empire ; la première fois c'était la gloire des armes, la seconde fois ce fut la soif de la tranquillité, j'allais dire la peur, qui donnèrent le change à la liberté.

Ce qui a perdu le premier empire pourrait perdre le second. Napoléon Ier, dans son aveuglement despotique, n'a pas vu, ou, dans son entêtement orgueilleux, n'a pas voulu comprendre que la masse du pays se retirait de lui. Affaissée et haletante sous ses victoires et ses revers, la France vit, avec l'Europe coalisée contre elle, s'approcher de terribles et d'inévitables représailles. Napoléon Ier, en 1813, 1814 et 1815, ne personnifiait plus la nation; il ne personnifiait que l'armée, qui, malgré des prodiges de valeur et les miracles de tactique de son chef, devait être écrasée sous ces *gros bataillons* du côté desquels Bonaparte lui-même avait déclaré qu'en définitive se rangeait la victoire.

Au retour de l'île d'Elbe, il était trop tard pour appeler à son aide la liberté, alors surtout qu'il n'y avait de salut pour l'empire que dans une guerre à outrance. Car l'Europe ne voulait plus d'un Bonaparte sur le trône. Et tandis que l'héroïque armée de Napoléon tenait encore en échec l'Europe entière, la France, en secret et sans se l'avouer à elle-même, démoralisée autant par l'épuisement où l'avaient réduite tant de conquêtes, alors évanouies, que par des désastres prévus ou déjà accomplis, la France était, en quelque sorte, de connivence avec ses envahisseurs. Tant ses misères et ses dégoûts avaient tué son sens patriotique !

C'est cette scission entre les aspirations du peuple et le pouvoir arbitraire, quelque modérément qu'il puisse s'exercer, que doit prévenir le second empire.

Que si l'on demandait comment se réaliserait le gouvernement du pays par lui-même, voici, suivant nous, ce qui le constituerait.

La nation tout entière formant le corps électoral par le suffrage universel nomme ses mandataires.

Ces mandataires seraient investis du droit naturel d'obtenir un ministère représentant la majorité de l'assemblée élue, toutes dispositions contraires étant abrogées. Ce ministère, expression de la majorité, gouvernerait dans le sens que son origine impliquerait. Il aurait à rendre compte de ses actes, à expliquer (sauf certains cas de négociations pendantes) ses plans et sa marche... Pour s'éclairer, minorité et majorité auraient le droit d'interpellation. L'initiative des députés pour la présentation des lois ou des mesures qui paraîtraient nécessaires suppléerait à ce qui n'aurait pas été proposé par le ministère (1)... La responsabilité ministérielle consisterait surtout dans la retraite forcée des ministres, dès que l'accord avec la majorité de la représentation nationale n'existerait plus, soit parce que la majorité restant la même, des dissidences surviendraient du côté des ministres qui cesseraient alors de la représenter, soit parce que cette majorité se déplacerait.

On comprend qu'un ministère investi de tous les pouvoirs qui constituent l'action gouvernementale, issu des volontés manifestées par les élus de la nation, surveillé, contrôlé par eux, tenu de réaliser leurs intentions (car il tomberait dès qu'il perdrait le soutien de la majorité), on comprend qu'un tel ministère ne pourrait jamais (on le voit en Angleterre) gouverner que dans le sens même de la volonté na-

---

(1) Le droit d'amendement aux lois présentées par le gouvernement appartiendrait à plus forte raison au Corps législatif, et le droit de pétition devant cette assemblée serait restitué. L'extension du pouvoir représentatif entraînerait encore l'obligation pour le pouvoir exécutif de faire ratifier par le Corps législatif et par le Sénat les traités de paix, d'alliance et de commerce.

tionale. Le prince, chef de l'Etat, n'étant plus qu'un centre respecté et irresponsable, autour duquel le pouvoir gouvernemental se grouperait, n'aurait qu'à sanctionner et à promulguer les décisions du pays, et à provoquer, dans les circonstances graves, la volonté actuelle de la nation, en décrétant de nouvelles élections.

Voilà toute l'économie et le mécanisme du vrai gouvernement représentatif, c'est-à-dire :

L'action directe de la nation par l'élection ;

Et l'action directe des mandataires de la nation sur les affaires publiques par un gouvernement recevant l'impulsion de la majorité.

En résumé, révolution ou résignation du pouvoir dictatorial aux mains de la nation, voilà l'alternative qui se pose forcément à Napoléon III.

Si l'Empereur était convaincu qu'une constitution écrite et même *jurée* n'a aucune force réelle quand l'opinion ne la soutient pas, que la nation ne veut plus être à la merci d'un *soubresaut* d'une volonté unique, et qu'elle entend décider elle-même de ses destinées, de crainte, par exemple, d'être à son insu, et d'une minute à l'autre, jetée peut-être dans une guerre d'extermination, si l'Empereur était convaincu qu'il n'y a pas moyen de répudier ces vœux aussi formels que légitimes, il aurait à décider la marche qu'il croirait préférable de choisir pour y satisfaire.

L'article 31 de la Constitution est ainsi conçu :

Il (le Sénat) peut également proposer des modifications à la Constitution. Si la proposition est adoptée par le pouvoir exécutif, il y est statué par un sénatus-consulte.

ette seconde condition (l'assentiment du pouvoir exécutif), dans le cas actuel, serait remplie à l'avance, puisque le projet émanerait implicitement de l'initiative impériale. Quant au Sénat, se refuserait-il à une modification dans le sens que nous indiquons?.. Nous croyons trop à la sagesse de cette mûre assemblée, pour douter qu'elle n'accomplît tout acte qui devrait assurer le repos de la France, qui contribuerait à la stabilité de l'empire et répondrait aux vœux de l'Empereur.

Mais le Sénat serait-il compétent pour modifier une des *bases fondamentales de la constitution ?* Voici ce qu'on lit dans l'article 32 de cette constitution :

Art. 32. — Néanmoins, sera soumise au suffrage universel toute modification aux bases fondamentales de la Constitution, telles qu'elles ont été posées dans la proclamation du 2 décembre et adoptées par le peuple français.

Or une des bases de la constitution posées dans la proclamation du 2 décembre, est celle-ci :

« 1° Un chef responsable pendant dix ans ;
» 2° Des ministres dépendant du pouvoir exécutif seul. »

Sans doute, c'est bien par un sénatus-consulte, celui du 7 novembre 1852, qu'a été rétabli l'empire. Mais ce sénatus-consulte, qui a soin de maintenir toutes les dispositions de la constitution du 14 janvier 1852 qui ne lui sont pas contraires, maintient, par conséquent, la responsabilité de l'Empereur et l'irresponsabilité des ministres. Ce qu'il faut remarquer, c'est que, pour observer l'article 32 de la constitution, et sans doute pour donner à l'empire toute la force de la sanction nationale, le sénatus-consulte du 7 novembre 1852 *a été présenté à l'acceptation du peuple français*, et ratifié par le plébiscite des 21 et 22 novembre.

Il paraît donc difficile de se soustraire ici à un plébiscite.

Toutefois, au moment où la nation sort de ses comices, il pourrait être sage de ne pas provoquer coup sur coup cette agitation qui accompagne toujours l'expression de la volonté de tout un peuple. La fermentation qui a précédé et celle qui a suivi les dernières élections, pourraient faire ajourner un plébiscite.

D'ailleurs on peut dire avec certitude que ce plébiscite est inutile, parce qu'il est déjà fait. Le vœu du pays était si manifeste que les hommes même les plus dévoués au gouvernement et naturellement recommandés aux électeurs par le gouvernement ont

promis à l'envi de contrôler et de surveiller efficacement, par conséquent de contredire et de restreindre
le pouvoir qui les patronnait, se déclarant aussi enne-
mis des folles dépenses que partisans des libertés
publiques.

Le gouvernement avouait donc et constatait lui-
même, en la subissant, cette exigence de l'opinion,
alors qu'il permettait, qu'il prescrivait peut-être à ses
amis les plus ardents de tenir un semblable langage.
Qui oserait nier que le peuple, ayant choisi ses représentants dans de pareilles conditions, s'est suffisamment exprimé et qu'il a plus que ratifié à l'a-
vance, puisqu'il les a implicitement provoquées, les
modifications qui devraient être introduites dans le
pacte politique.

D'où il résulte que l'approbation du peuple aux
réformes constitutionnelles que nous avons indiquées,
ne pouvant faire l'objet d'un doute, peut être consi-
dérée comme acquise et permet de retarder l'accom-
plissement de ce qui ne saurait plus être qu'une for-
malité légale.

En attendant le moment de cette régularisation,
Napoléon III, se montrant aussi grand citoyen que
monarque éclairé, ne pourrait-il pas faire suivre un sénatus-consulte modifiant la constitution, d'une *proclamation explicite*, dans laquelle il renoncerait,
suivant les termes du sénatus-consulte, à une partie

des pouvoirs immenses qui lui avaient été conférés, afin de satisfaire aux désirs de la nation et d'assurer à lui et à sa dynastie la portion qu'il devrait en conserver dans l'intérêt de la France? Le pouvoir, de même que la raison, trouve souvent sa sauve-garde et son point d'appui le plus solide dans les limites qu'il rencontre et surtout dans celles qu'il s'impose.

LA FRANCE

ET

L'EMPEREUR

EN 1869

—

SECONDE LETTRE

LA FRANCE

ET

L'EMPEREUR

EN 1869

SECONDE LETTRE

L'Empereur risque de s'égarer, s'il se laisse émouvoir par les supplications des conseillers éplorés qui l'adjurent de conserver ce qu'il a gardé jusqu'ici de son pouvoir, de reprendre même ce qu'il en a cédé, en recourant, au besoin, à la force ; s'il prête l'oreille aux prédictions sinistres qui cherchent à l'épouvanter sur l'avenir en lui montrant dans le passé tant de gouvernements perdus par les concessions et la faiblesse. Une partie de ceux qui l'entourent, de ceux qui, sans être du nombre de ses familiers, ont eu sa confiance particulière et vraisemblablement ne l'ont pas encore entièrement perdue, s'efforce, on n'en saurait

douter, de faire dévier Napoléon III de la ligne qu'i
a prise.

Quoique tout ce qui touche aux personnes doiv
être, suivant nous, évité autant que possible, il nou
semble nécessaire de se rendre compte ici des tendances de celui qui est devenu, pour ainsi dire, l'âm
et le bras de la France pendant dix-huit ans et qui au
jourd'hui reçoit implicitement une mission, peut-êtr
plus haute que la première, celle de contribuer pa;
une glorieuse abnégation à relever la nation français
et à ses propres yeux et devant l'Europe. En effet, i
s'agit de restituer à la France, suivant ses vœux suf
fisamment exprimés, la libre disposition d'elle-même
alors qu'elle prouve, nous le montrerons plus loin
non seulement qu'elle a la volonté, mais encore qu'ell
a la capacité de se gouverner. Cette volonté de disposer d'elle-même pût-elle lui faire courir des dangers, le plus grand danger serait encore de lutte
contre cette revendication des droits qu'elle avai
aliénés. C'est ainsi que la France se trouve placé
face à face avec son souverain.

Nous sommes en effet au moment d'une crise su
prême. De l'accord du Prince et du pays doit surgi
la paix avec la liberté ; d'un conflit entre la natio
et l'Empereur ne peuvent sortir que l'anarchie, l
guerre, peut-être la guerre universelle et le despo
tisme militaire.

Le caractère du souverain comme celui de la nation doivent donc être étudiés afin de se rendre compte, autant que possible, de la marche à suivre pour ménager sagement et sûrement cette importante transaction.

Le trait dominant du caractère de Napoléon III, est une irrésolution dans laquelle il semble se bercer quand rien ne le force à prendre un parti tranché et décisif. Il y a quelque chose d'oriental dans sa nature morale, c'est-à-dire du fatalisme et du rêve. Tolérant, par une égale indifférence pour le vice ou pour l'honnêteté, si, par hasard, il la rencontre, témoin impassible de toutes les faiblesses des hommes, contemplateur, en apparence insouciant, des évènements, attendant les circonstances auxquelles il espère faire produire, sans sortir de son inaction, les effets qu'il souhaite, tout en lui trahit l'indécision et rend son attitude incertaine et inquiétante et sa volonté un problème.

Les différentes phases de sa vie lui ont fait tenir des langages que l'on peut, sans grand profit, opposer à ses actes. Sa grande force, et qui prête une sorte d'unité à sa marche malgré les démentis qu'il s'est donnés, il l'a puisée dans le suffrage universel, dont il a été l'ardent apôtre et le héros. Mais il aurait dû comprendre que le suffrage universel est aussi changeant que la volonté du peuple qu'il manifeste. L'idée constante qu'a nourrie ce prince de diriger, ce qui veut dire maîtriser le suffrage universel, est aussi fausse que périlleuse. L'opinion, ou pour mieux dire la volonté instinctive des masses est seule l'âme de cette manifestation souveraine. Le suffrage universel peut consolider un pouvoir qui ne vient pas de lui, comme abattre le pouvoir qu'il a créé ; il est le maître de détruire, un jour peut-être, tous les pouvoirs et de violer tous les principes sociaux. C'est avec lui qu'il faut compter aujourd'hui ! Et cette obligation n'est pas plus rassurante pour les gouvernés que pour les gouvernants.

Pour disposer du suffrage universel, il faudrait posséder le secret de faire vouloir aux masses ce que l'on veut, à un jour donné, c'est-à-dire de faire d'une opinion particulière, personnelle, l'opinion universelle ou presque générale. Le talisman qui produirait ce prodige n'est pas encore trouvé.

Le suffrage universel reste jusqu'ici le souverain ou plutôt l'organe de la grande souveraine du monde, l'opinion du peuple, et varie avec elle. C'est en présence de cette puissance absolue et capricieuse que se trouvent placés, à notre époque, princes, gouvernements et disons-le, même la partie la plus éclairée des nations.

Ce qui peut être, ce qui sera l'ancre de salut en face de cette urne qui contient toutes les tempêtes, c'est l'instinct de la conservation qui existe dans le corps social comme dans l'individu. Les masses ont l'intuition de ce qui peut les perdre, comme elles ont l'intuition quelquefois de ce qui peut les sauver. Et c'est à ce sentiment instinctif que la société devra de triompher peut-être des périls que lui fait courir le suffrage universel.

Mais si la société peut subsister en dépit du suffrage universel, si elle peut même s'en faire un moyen de salut (le suffrage universel devenant promptement un remède aux maux qu'il aurait faits), la dictature, elle, qu'il peut faire surgir, dans un de ses caprices, c'est-à-dire dans un accès de terreur ou d'engoûment, ne peut espérer de se *fonder* et de devenir inamovible dans la personne, encore bien moins héréditaire dans la race qui en aurait été investie.

Voilà ce que doit voir et se dire toute omnipotence personnelle et surtout héréditairement transmissible qui a puisé son existence à une pareille source. C'est ce que Napoléon III est amené forcément à reconnaître aujourd'hui.

Mais toute son attitude, les actes officiels de son gouvernement, les lois que l'on prépare, ce qu'il fait comme ce qu'il n'a pas fait encore, indique qu'il ne se rend pas bien compte de la nouvelle situation qui lui est imposée et qu'il paraissait avoir acceptée.

Sans doute l'abandon du pouvoir est pénible et particulièrement la renonciation à la toute-puissance. En général, l'homme aime peu à se dépouiller et surtout de ce qui excite le plus les désirs ambitieux, de ce droit si convoité et cependant si redoutable de commander à ses semblables. Toutefois, il faut qu'un prince qui possède un pareil pouvoir réfléchisse sur la manière dont il lui est échu.

S'il s'agit d'un peuple façonné au joug depuis des siècles, si le souverain représente un des chaînons de la race qui se transmet de génération en généra-tion la possession de ce troupeau d'hommes, on con-çoit que l'idée de restreindre ou de déposer l'autorité suprême ne puisse s'offrir à l'esprit du despote, à moins qu'elle ne lui soit suggérée par la fatigue, l'en-nui peut-être de s'occuper, même pour lui imposer ses ordres, de cette multitude asservie. Chez un pareil peuple, l'autorité a tous les caractères de la fatalité, comme chez les Musulmans, et le despote peut se croire le représentant du destin. Si par hasard il quitte ou diminue son pouvoir (la seconde hypothèse est en-core moins probable que la première), il n'a cherché que sa convenance, consulté que son caprice. Un tel monarque est le maître de disposer de lui-même comme de ses sujets, de laisser là son peuple en transmettant ses pouvoirs à celui qui devait lui suc-céder, peut-être même en désignant celui de sa race qu'il préfère, en un mot *lui*, toujours *lui*, la seule considération de ce qu'*il veut*, voilà l'unique préoccupation, la seule cause déterminante que puisse connaître un tel monarque.

Il n'en est pas ainsi d'un souverain qui a brigué son pouvoir auprès du peuple, qui le tient du peuple et directement, en un mot d'un souverain élu. Ce titre d'*Élu*, qui fait sans doute l'orgueil de celui qui arrive à la suprême puissance, surtout s'il y est porté par tout le peuple, ce titre d'*Elu* peut cependant inquiéter le triomphateur. Celui qui *est fait* le maître de tous par tous n'en est pas moins la créature de tous et, à un jour donné, l'esclave de tous. Le peuple qui a renversé ou plutôt laissé renverser le gouvernement qui précédait, gouvernement qu'il admettait, qu'il avait peut-être créé ou consacré lui-même, au moins par ses hommages, ce même peuple, en vous donnant ses voix, a bien montré qu'il ne s'enchaîne pas lui-même à ses propres décrets (1). La faveur du peuple res-

(1) Il y a bien peu de nations, en trouverait-on même une seule où le suffrage universel ait été exclusivement employé à l'élection du souverain. Il a pu y avoir, il y a eu des souverains élus par acclamation, élus par ce que l'on a bien voulu nommer quelquefois l'assentiment du pays et qui n'était la plupart du temps que le silence de l'indifférence ou de la peur; il y a eu les élections par l'élévation sur le pavois, et ordinairement celles-ci se faisaient au milieu d'une armée, comme il y a eu de ces élections dont nous parlions, qui s'accomplissent par interprétation, système qui présente une très commode élasticité; il y a eu de toutes ces sortes d'élections sans doute. Mais celles qui seraient faites par le suffrage universel direct et régulièrement organisé, et dans lesquelles le peuple vote en masse, ne sauraient guère se rencontrer que dans un pays

semble au beau temps sur la mer. La tempête souvent
n'est pas loin d'un calme décevant, et la mobilité
des flots humains est autant à craindre que celle de
l'Océan. L'élection par le peuple doit donc être un
sujet de profonde méditation comme d'appréhension
pour celui qui arrive par cette voie. Il doit, afin de
n'être pas surpris, avoir des principes politiques et des
sentiments patriotiques qui l'élèvent au-dessus des
vicissitudes, des fluctuations, des retours inattendus,
souvent des manifestations contraires les unes aux
autres du suffrage universel. Celui qui relève du
suffrage universel doit faire vœu d'une soumission
absolue à ce maître souverain.

Le suffrage universel, comme nous l'avons dit
dans notre première lettre (1), est l'organe de la
démocratie, c'est-à-dire du peuple qui se compte
sur une question qui lui est posée. La majorité des
votes prouve de quel côté est la force numérique,
matérielle, et tout est dit. Le suffrage universel fait
impunément ce qu'il veut. Il retire ce qu'il a donné, il
rend ce qu'il a ôté. Il vous prend, il vous rejette, il
vous élève, il vous dépose ou plutôt, il ne prend pas

où le suffrage universel fonctionne habituellement pour nommer ses
mandataires à temps, chargés de le représenter dans les différentes actions
qu'il peut exercer. Le suffrage universel est donc ainsi toujours tenu en
haleine. Il devient un rouage ou plutôt un moteur que son usage fréquent
ne rend que plus maniable, plus mobile encore, et plus menaçant pour
tout ce qui a besoin de stabilité.

(1) Voir p. 14.

la peine de vous déposer, il vous remplace purement
et simplement. Rien ne prévaut contre son bon plaisir. Fût-on devenu omnipotent par le suffrage universel, on en serait d'autant plus l'esclave, que la
jalousie du peuple croît avec la puissance qu'il
donne. D'ailleurs, il n'y a pas d'alternative : il faut
lui obéir, à moins qu'on ne veuille lutter contre
lui; or, ce serait s'insurger d'abord contre le principe même qu'on a reconnu, dont on provient, dont
on tient son droit à la puissance, ensuite contre une
force qu'on ne peut sans une extrême présomption
se flatter de vaincre ; car c'est celle de l'opinion, celle
de tous ou du plus grand nombre, n'ayant d'adver-
saires que quelques-uns ou quelqu'un, et ici ce *quelqu'un* ce serait *vous*... Voilà quelle doit être la pensée de celui dont la fortune, l'élévation, la puissance,
la situation proviennent du suffrage universel. Voilà
ce que doit comprendre, ce que devrait se dire sans
cesse celui qui a puisé sa vie publique à cette source
du scrutin universel et direct qu'on appelle l'expression de la volonté du peuple.

Cette conviction de l'esclavage qu'impose, sinon à
chaque instant, au moins à un jour donné, le suffrage
universel repose sur le bon sens, sur la logique des
faits. Mais tous les hommes ne sont pas capables de
voir leur situation sous son vrai jour. Quand il s'a-
git de s'élever ou de se maintenir par les suffrages de
ses concitoyens, on se fait souvent illusion sur les dis-

positions de ceux qui peuvent donner leurs voix. On
se fait surtout, la plupart du temps, illusion sur soi-
-même. En général, un candidat aime à croire que les
électeurs sont doués d'une suffisante perspicacité
pour le choisir entre tous; s'il est élu, il pense que
justice lui a été rendue et il n'en rend grâce qu'à
l'équité de ses mandants. Si, ce qui arrive souvent,
l'intelligence, la pénétration des électeurs ne lui paraissent pas suffisantes, il croit légitime de suppléer
par tous les moyens, permis ou non, à ce qui leur
manque pour l'apprécier. L'amour-propre qui égare
presque toujours égare surtout quand il s'agit d'é-
lections.

Devant le scrutin, rien n'est plus nécessaire qu'un
caractère, un tempérament flegmatiques, stoïques
même. *Memento homo quia pulvis es et in pulve-
rem reverteris,* devrait être la devise de tous les élus
du suffrage universel.

Malheureusement, une froide nature n'exclut pas
et favorise au contraire l'entêtement le plus invincible. On peut rester d'autant plus calme devant tous
les événements qu'ils n'ébranlent pas vos idées. L'impassibilité n'est pas le sang-froid et ne saurait servir
de guide pour se conduire. Si ce genre de tempérament supporte mieux les faits accomplis et les
faveurs comme les trahisons de la fortune, souvent
il ne préserve pas mieux que l'ardeur des désirs et
les passions ambitieuses, des écueils que peut ren-

contrer celui qui le possède. L'impassibilité n'est pas
une sauvegarde ; elle peut servir seulement à tom-
ber plus dignement.

Ce qui élèverait au-dessus de tous les calculs ambitieux, de tous les avantages de certains tempéra-
ments, ce serait de porter dans son âme un profond
sentiment patriotique, un désintéressement complet
de soi-même, un pur dévoûment à la chose publique ;
ce serait de laisser à ses concitoyens l'initiative de
sa candidature, consentant à l'accepter, ou la présen-
tant au besoin soi-même, si l'on avait la conscience que les témoignages qu'on a déjà reçus, que
le bien qu'on a déjà fait rendent capable de con-
tinuer à servir le pays peut-être dans une position
plus haute, et plus efficacement encore. Alors l'abnégation naît de l'élévation des sentiments qui mettent
au-dessus des caprices de la volonté populaire. On
ne regrette rien comme on n'a rien désiré pour soi.
On ne plaint que le peuple si l'on croit qu'il s'égare.
Le grand citoyen que nous dépeignons pourra s'élever à un tel point d'abnégation, qu'on le verrait désigner, pour le remplacer, l'homme qu'il jugerait
plus capable que lui d'être le digne instrument du
peuple. Un tel homme est la sublime contre-partie
de ce despote qui, comme nous l'avons dit, presque
toujours ne voit que lui seul. Voilà sans doute,
l'idéal du vrai citoyen, devant son pays et la liberté.
Mais, hélas ! l'idéal, ce rêve de ce qui est grand

et beau, ne trouve guère sa réalisation en ce monde.

Napoléon III semble réunir les premières conditions qui rendent propre à affronter le suffrage universel, c'est-à-dire à en être le favori ou la victime. Calme, froid, ne laissant apercevoir sur son front que les nuages qu'il lui plairait d'y faire passer, éprouvé par les vicissitudes les plus contraires de la fortune, la nature comme les événements lui ont appris qu'il ne faut pas compter sur les hommes ni sur les choses. Son tempérament, comme les traverses de sa vie, en ont fait un philosophe couronné.

Il dépend de lui de se montrer aujourd'hui l'homme qui appartient vraiment au peuple par un pur dévouement, par un désintéressement absolu de lui-même.

Ce qui est réellement grand emporte d'ailleurs presque toujours avec soi ce qui est utile. Les mesquines considérations d'une habileté subalterne, qui n'a pour but que sa personnalité, où les profonds calculs et les savantes combinaisons d'un égoïsme transcendant ne sauraient, la plupart du temps, rencontrer si bien, non-seulement pour la gloire à venir, mais même dans l'intérêt présent, que ces grands partis généreusement inspirés et pris par un grand cœur.

Arrivé à ce point, qu'il nous soit permis de tracer les simples mots que l'Empereur pourrait s'adresser à lui-même et adresser à la fois au pays.

« J'appartiens à la France... Elle m'a donné tout

» pouvoir pour elle et sur elle. Aujourd'hui, il est
» visible qu'elle demande à reprendre la plus grande
» partie de ce pouvoir ; en un mot, elle veut agir par
» elle-même... Qu'il en soit fait suivant sa volonté.
» Je le répète : je suis à elle.

» Si je croyais devoir descendre du trône, dans
» l'intérêt de son bonheur, je n'hésiterais pas. En
» prenant et en exerçant l'autorité illimitée que m'a
» déférée la Nation, je ne me suis jamais regardé
» que comme son premier citoyen, son plus dévoué
» serviteur et non son maître.

» Mais, ce qu'il faut bien comprendre et nettement
» déterminer, c'est la part de pouvoir qui doit reve-
» nir au Pays et la part que doit conserver l'Empe-
» reur, si l'institution impériale est maintenue. Toute
» la question est dans la mesure de la nouvelle répar-
» tition des pouvoirs publics. C'est l'expression de la
» volonté intelligente de la masse du Pays que je de-
» mande à connaître et à laquelle je m'engage à me
» soumettre. »

Un tel langage, sincèrement tenu, simplifierait à
l'instant la situation. Car par là, Napoléon III prou-
verait qu'il comprend que les modifications à la constitution actuelle doivent être l'œuvre du pouvoir
constituant. Ce pouvoir lui avait été délégué en 1851
et 1852 ; il doit aujourd'hui retourner à sa source,
c'est-à-dire à la nation. C'est de la nation que doit

sortir le nouvel ordre politique à introduire en
France ; c'est aux députés de la France dernièrement
élus et qui en représentent les nouvelles tendances
qu'appartiennent le droit et le devoir de traiter en son
nom, quant aux nouvelles conditions des différents
pouvoirs et d'en établir la juste pondération, ces
graves réformes constitutionnelles devant être ensuite présentées à la ratification du peuple.

Il ne s'agit pas de faire table rase des institutions
actuelles, ce qui ferait courir au pays un grand péril,
mais de les asseoir fortement, en les dégageant de
tout ce qui ne pouvait être que temporaire. Evidemment la dictature, ce moyen héroïque mais transi-
toire, auquel a recours un peuple dans une situation
périlleuse, ou dans un accès de découragement et
de défaillance qui le fait désespérer de tout et surtout
de lui-même, ne pouvait guère appartenir, tout le
temps de sa vie, à celui qui en avait été investi, et
bien moins encore se maintenir dans sa race. Une
nation, ayant quelque bon sens et quelque lumière,
comprend qu'un homme et les siens ne peuvent posséder à perpétuité et sans restriction le droit de disposer d'elle, et je ne crois pas la France tombée à ce
dègré de décadence qui la ferait se résigner aux dé-
gradations du Bas-Empire. Elle n'entend plus être
à la merci d'une volonté unique, toute-puissante,
pouvant la précipiter dans les abîmes de la tyrannie,
les folles tentatives de l'ambition, enfin dans toutes

les misères et les hontes où peut plonger la peur de
tout et l'abandon de soi-même.

Veut-elle être une république?... Nous répon-
drons : « jusqu'à un certain point, mais elle en répu-
die le nom. »

La première république a été le soulèvement de
tout un peuple fanatisé par le mot décevant de : *liberté*.

Sieyès a dit le grand mot de la première révolution ;
« Qu'est le Tiers-État?... Rien. Que doit-il être?...
Tout. » Mais le Tiers-État, c'était la bourgeoisie. —
C'était la classe intermédiaire entre le peuple et la
noblesse. Or quand la bourgeoisie, pour parvenir
à passer le niveau sur l'ancienne société, s'est pré-
cipitée dans le dogme de l'égalité, au nom de la liberté (la liberté et l'égalité, en dépit de la devise
républicaine, sont loin de procéder l'une de l'autre
et s'excluraient plutôt), cette bourgeoisie, et les Gi-
rondins qui en étaient l'expression la plus élevée,
afin de réaliser leur plan, durent recourir au peuple
qu'ils déchaînèrent pour abattre l'ancien ordre de
choses. Le peuple, qui ne connaît que l'action la
plus brutalement logique, une fois appelé à tout
détruire, s'est transformé en bourreau ou, pour
mieux dire, a donné sa démission en faveur du
bourreau. Les fauteurs eux-mêmes et les coryphées
de la révolution ont porté leur tête sous le couperet
de ce suprême niveleur, avec toutes les victimes

qu'ils avaient laissé égorger. Quelles saturnales de massacres ! Ce qui a sauvé du grotesque le bonnet phrygien, c'est le fleuve de sang dans lequel il s'est trempé.

Cependant l'élan était donné, et ce qu'il y avait de vrai, de grand, de patriotique, ce qui avait éclos en 1789 sous ce souffle magique de la liberté, malgré les fureurs d'un despotisme sanguinaire, faisait son chemin, et dans l'esprit de la France et dans celui de l'Europe, et la proclamation de l'émancipation des hommes et des peuples se propageait par l'élan irrésistible d'une nation se précipitant triomphalement, à l'intérieur comme à l'extérieur, contre tout ce qui voulait lui faire obstacle.

Nous sommes revenus aux principes de 89, mais après avoir subi des épreuves qui pourront, il faut l'espérer, nous faire éviter les terribles écueils de cette époque.

Toutefois, les principes de 89, que tout le monde et tous les gouvernements, quels qu'ils soient, invoquent d'un commun accord, ne sont pas une *panacée* universelle, qu'on nous pardonne le mot. D'ailleurs, ils sont élastiques, et les droits de l'homme, puisqu'il est son maître, peuvent consister, on l'a vu, à se mettre un bandeau sur les yeux et à se faire conduire comme un aveugle.

La constitution actuelle est fausse dans l'application qu'elle prétend faire de principes qui lui sont contraires, particulièrement dans leur esprit. Elle prend pour base précisément ce qui peut servir à la condamner, quand on examine le droit qu'elle confère à un homme, de retirer aux citoyens, suivant son bon plaisir, les plus importants de leurs droits. Elle proclame une alliance chimérique avec les grands principes de la première révolution, alliance dérisoire, si l'on a compris ce que l'on fesait et ce que l'on disait.

Quoiqu'on ne puisse attacher une grande valeur aux constitutions écrites, il est certain qu'elles forment cependant le frontispice de l'édifice constitutionnel d'un peuple, et qu'il ne faut pas que tout le monde puisse lire sur les tables de sa loi politique : erreur, incohérence, contradiction, mensonge.

La grande question aujourd'hui est donc de transformer la constitution de manière à ce qu'elle soit, autant que possible, ce qu'elle prétend être, c'est-à-dire qu'elle donne satisfaction à la nation, quant aux droits qui lui appartiennent légitimement et dans lesquels elle entend rentrer, et qu'elle détermine l'étendue comme les limites de ces droits et les formes suivant lesquelles il est préférable, pour elle, de les exercer.

Nous ne sommes pas, heureusement, dans la piteuse position de l'Espagne, se livrant à la recherche sans fin d'un souverain introuvable. Nous avons un **Empereur et sa dynastie.** Si nous ne voulons pas de la

république, c'est 1° parce que la première république,
à travers des flots de sang répandus sur nos places
publiques et sur les champs de bataille, a conduit à la
fois par la terreur et par la gloire au despotisme militaire le plus écrasant, et fait évanouir toute liberté ;
2° c'est parce que la seconde république, à travers
mille appréhensions trop justifiées par la plus redoutable insurrection, et par suite de mille grotesques
parodies de la république, son aînée, a été renversée
bientôt par le peuple qui l'avait admise, pour faire
place au second empire ; 3° parce que l'élection du
chef de l'État, dans une république, devant se renou-
veler à d'assez courts intervalles, se présente au pays
qui se rend compte de son tempérament inflammable, comme un danger périodique que ne fait pas
courir la forme d'une monarchie héréditaire.

Que doit être cette monarchie pour donner à la
fois à la nation et la sécurité et la libre disposition
d'elle-même ?

Sous quelque nom qu'on veuille le désigner, le
gouvernement représentatif fonctionnant sous une
monarchie constitutionnelle, doit s'établir, et s'il est
possible, s'implanter en France. Les objections qu'on
pourrait alléguer contre cette sorte de gouvernement s'évanouiraient, ce nous semble, devant ces
deux réponses : les gouvernements parlementaires
qui sont tombés n'avaient pas pour base le suffrage
universel, et la raison publique n'avait pas reçu

l'éducation qu'elle a malheureusement payée si cher.

Partant du dernier sénatus-consulte, qui a déjà considérablement modifié la constitution, il est indispensable, afin que la France reprenne confiance dans son gouvernement et par suite en elle-même, de constituer, sans retard, le nouveau régime politique qui doit s'établir.

La constitution, surtout après les modifications qu'elle vient de subir, se prête parfaitement à l'achèvement de l'évolution constitutionnelle qui est en voie de s'accomplir.

Cette constitution, avec un grand sens sous ce rapport, déclare implicitement elle-même qu'elle est perfectible, puisqu'elle indique tous les moyens de la modifier, ce qui évidemment, dans la pensée de son auteur, implique la pensée et l'espoir de la voir améliorée. Non-seulement elle prévoit des améliorations de détails, mais encore elle pressent, puisqu'elle formule le procédé pour les opérer, des transformations fondamentales. Et comme le peuple a spécifié dans son mandat les clauses qui ne pourraient être changées sans sa participation, mais qui pourraient, par sa volonté, disparaître ou se modifier, il est évident que dans ses bases mêmes, avec le concours du peuple, la constitution se prête aux changements importants que la marche du temps et le progrès de la raison publique peuvent exiger.

Il est bon de mettre sous les yeux les cinq bases sur lesquelles, avec l'assentiment de la nation, a été établie la constitution actuelle, bases qui, suivant l'article 32, ne peuvent être modifiées sans avoir recours au suffrage universel, tandis que tout le reste de la constitution peut être changé par des sénatus-consultes.

1° Un chef responsable nommé pour dix ans (cette base a été changée par l'article 1er du sénatus-consulte du 7 novembre 1852, sénatus-consulte ratifié par le plébiscite des 21 et 22 novembre 1852... Cet article est ainsi conçu : « Louis-Napoléon Bonaparte est Empereur des Français » sous le nom de Napoléon III »);

2° Des ministres dépendants du pouvoir exécutif seul ;

3° Un Conseil d'Etat formé des hommes les plus distingués préparant les lois et en soutenant la discussion ;

4° Un Corps législatif discutant et votant les lois, nommé par le suffrage universel sans scrutin de liste qui fausse l'élection ;

5° Une seconde assemblée formée de toutes les illustrations du pays, pouvoir pondérateur, gardien du pacte fondamental et des libertés publiques.

La disposition de l'article 1er qui établit la responsabilité de l'Empereur ;

L'article 2 qui déclare que les ministres ne dé-
pendent que de l'Empereur (disposition qui peut
prêter à interprétation, surtout par suite du dernier
sénatus-consulte consacrant une nouvelle situation
des ministres, et les faisant relever implicitement,
aujourd'hui, du pouvoir législatif) ;

Enfin l'article 5 qui devrait être modifié pour retirer au Sénat le droit de changer à lui seul, et sans
la sanction du Corps législatif, tous les articles de la
constitution ne faisant pas partie des *bases fondamentales*, droit exorbitant et anormal, sous un gouvernement représentatif, conféré à un corps qui n'é-
mane pas de l'élection populaire;

Voilà les trois *bases fondamentales* qui doivent
disparaître ou être profondément remaniées. En
effet, il semble impossible que l'Empereur reste
responsable, les ministres l'étant devenus par suite
du dernier sénatus-consulte. D'ailleurs, l'avantage de
la sphère où le chef de l'État est placé, doit être de le
rendre inattaquable, et en bonne logique on ne peut
être à l'abri des attaques que lorsque l'on est irresponsable. Parmi les avantages que peut présenter une monarchie, doit certainement se trouver
celui d'avoir un chef respecté dans sa haute di-
gnité, et par conséquent ne pouvant être pris à
partie par personne. Il faut que le chef de l'État qui
préside aux destinées de la nation, qui prend sa part
des délibérations du conseil du gouvernement, dont

il est à la fois, non le maître, mais le chef et un membre d'autant plus écouté qu'il n'est pas personnellement engagé dans les luttes qui, sans cesse, se présentent, il faut, disons-nous, que le chef de l'État, puisse planer dans une région inaccessible, au-dessus des passions, ne descendant pas dans la lice et n'en pouvant que mieux apprécier les coups qui s'y portent. Oui, aujourd'hui, on peut l'affirmer, la France veut et ne peut vouloir qu'un souverain constitutionnel. C'est ce qu'il est urgent que l'Empereur comprenne..... Que ce rôle peut être grand, quand on l'accepte, et surtout quand on le prend soi-même au moment où l'on dépose une autorité sans limites !

Un prince qui a été un des plus respectés, un des plus écoutés, des plus consultés, des plus influents de l'Europe, est le roi d'un petit peuple qui nous touche ; tout le monde a nommé Léopold Ier, roi des Belges. Assurément le prince qui, à la tête de quarante millions d'hommes, saurait s'élever plus haut encore que Léopold Ier, en descendant magnanimement du faîte enivrant du pouvoir absolu, obtiendrait l'estime, le respect et l'admiration de son peuple et du monde entier. Il aurait une place à part et magnifique dans l'histoire. De plus, il se serait montré aussi profond politique que souverain dévoué à son peuple.

Certes, on doit le croire et tout l'indique. Napo-

léon III a le désir de voir sa dynastie fondée. On ne
saurait douter d'ailleurs qu'il n'ait des entrailles de
père. Or, la question de la personne est capitale
quand il s'agit de l'exercice d'un pouvoir absolu. Il
n'y a qu'une certaine aptitude naturelle au pouvoir,
aptitude très-rare, quoiqu'elle ne suppose pas toujours des qualités transcendantes, qui puisse rassurer ceux qui subissent une volonté souveraine; et
comme cette sorte de vocation et certaines conditions
indispensables pour gouverner, sont un don particu-
lier du ciel, il est évident qu'un monarque sensé ne
peut espérer que sa lignée, en commençant par son
propre fils, aura nécessairement et à chaque généra-
tion reçu de la nature ce privilége nécessaire. En con-
servant un pouvoir héréditaire trop considérable, c'est
face à face avec une nation naturellement impatiente
du joug, s'impatientant même bientôt, peut-être, de la
perfection de son chef, si la perfection était possible,
car nous rappelons beaucoup l'Athénien qui bannissait
Aristide, fatigué qu'il était de l'entendre appeler : *le
Juste;* c'est face à face avec une pareille nation que
l'Empereur, qui ne saurait être immortel, placerait
son fils et ses descendants. Des circonstances rares,
des révolutions successives, ont pu amener la France
à se donner un maître. Ce maître, avec son nom, avec
son caractère à la fois froid et hardi, s'est offert à elle
pour la prendre comme elle s'offrait à lui pour se
donner. Aujourd'hui, à tort ou à raison (nous sommes

convaincu que c'est avec raison), elle entend se ressaisir et se ressaisir tout entière. Mais le pays, il y a lieu de l'espérer, ne devra pas, pour atteindre son but, engager une lutte où sa victoire même serait périlleuse. De son côté, l'Empereur, s'il voulait s'arrêter dans la voie des concessions libérales ou revenir sur ses pas, se perdrait bien probablement lui et sa dynastie. L'intérêt du souverain et celui de la nation se confondent ici et doivent conseiller au Prince de ne pas marchander à la France la part du pouvoir qu'elle réclame, et à la France de ne revendiquer que l'exercice des droits nécessaires pour se gouverner elle-même.

Évidemment l'Empereur doit se demander jusqu'à quel point et dans quelle mesure, le dépôt sacré de la France, qu'il avait reçu de la France elle-même, doit être restitué ; il doit examiner s'il est prudent de laisser le peuple rentrer sous un régime qu'il avait répudié, et qui d'ailleurs, plusieurs fois essayé, n'a pu se maintenir, ébranlant dans sa chute le pays, quelquefois jusque dans ses fondements.

A ces scrupules, que d'autres que l'Empereur encore peuvent avoir, il y a, suivant nous, une réponse péremptoire à faire. Sans doute, le gouvernement du peuple par lui-même sous la première République, et même sous la seconde, n'a rien produit de stable et n'a enfanté, dans le siècle dernier, que la terreur, et, dans le siècle actuel, qu'un profond malaise et une invincible crainte du présent et de l'avenir; sans doute aussi les deux épreuves du gouvernement parlementaire, et sous la branche aînée des Bourbons et sous la branche cadette, ont abouti à des catastrophes, et il semblerait aussi dangereux qu'illogique de se replacer dans des conditions assurément peu rassurantes. Tout cela est vrai; mais on doit ajouter que le premier Empire s'est terminé par deux envahissements de la France dans une seule année. Voilà la fin de ce premier, de ce triomphant Empire. Le second Empire, à son tour, est plus que menacé, du moins dans ses conditions dictatoriales (1).

Que conclure de tout ce qui précède, sinon que les anciennes bases des gouvernements ne suffisaient pas à assurer une stabilité à laquelle le pays aspire, et que, s'appuyant sur le suffrage universel et sur le progrès de la raison publique, il faut inaugurer un gouvernement qui soit en quelque sorte la France elle-même en action. Peut-on espérer que la France soit assez mûrie pour pouvoir en arriver là !

Comme la France et l'Empereur, ainsi que nous

____

(1) Voir la première lettre, pp. 17 et 18.

l'avons dit et que cela est incontestable, sont en présence pour conclure un traité solennel, il est utile de se rendre compte de la nature de ces hauts contractants. Nous avons tracé le portrait de l'Empereur, traçons celui de la France.

M. Guizot a publié une brochure où il signale, de la hauteur de son intelligence, l'écueil de notre époque, la passion qui ronge la France ; cet écueil, ce danger, cette passion, c'est selon lui, l'adoration de la démocratie. De la part d'un si grand philosophe, d'un politique si éprouvé, cette assertion a lieu de surprendre... Et si M. Guizot avait prononcé que le culte du pouvoir était le fait le plus éclatant, le plus constant en France, il aurait eu, du moins en faveur de cette dernière opinion, l'élection comme président, puis comme Empereur, d'un prince que recommandait seul son nom, emblème du pouvoir absolu.

Hélas ! la philosophie révolutionnaire et la hache du bourreau sont parvenues à séparer radicalement la France de son passé. Cet abîme terrible entre ce qui avait été et ce qu'on voulait qui fût, a englouti tous les profonds amours avec tous les anciens respects. Cette guerre au passé qui s'attaquait même aux tombeaux n'a enfanté aucun nouvel amour. L'amour qui semblait devoir naître des cendres de tous les autres, c'était un amour unique, celui de la liberté. Mais nous sommes trop impatients, trop ardents, trop mobiles, trop vains, pour savoir rester libres.

Quant à l'égalité (et c'est sans doute l'amour de l'é-
galité que M. Guizot nomme l'adoration de la démocratie), quant à l'égalité, on ne la veut en France que
pour en sortir ; c'est-à-dire on veut abaisser d'a-
bord à son niveau tout ce qui le dépasse, afin de pouvoir ensuite dépasser ce niveau de toute l'élévation
que l'on peut se donner. L'amour de l'égalité n'est
donc pas plus sincère que celui de la liberté. Chez
nous la liberté, l'égalité sont des machines de guerre,
qui du reste, si on les soumet à un examen attentif,
s'excluent mutuellement. Mais ces considérations ne
seraient pas ici à leur place. Ce que nous dirons à
propos de la liberté, c'est que notre amour pour elle
éclate pendant un jour et s'endort pendant des années. L'amour de la liberté ne doit pas être une ex-
plosion, un enivrement. Quand on représente la liberté sous les traits d'une femme échevelée et comme
une sorte de bacchante aux formes athlétiques, parcourant bruyamment et à pas de géant les carrefours,
on profane son image et l'on égare le peuple.

Sans doute la liberté doit avoir l'allure énergique
du peuple qui si souvent lui a prêté son bras et si
souvent aussi l'a étouffée dans l'ivresse d'embras-
sements stupides ; mais sa marche doit être aussi
tranquille qu'assurée, son regard aussi doux que
ferme. Tout ce qui est fort généralement est calme,
et la sérénité est la marque de la vraie grandeur,
tandis que la forfanterie n'est souvent que le masque

de la faiblesse et de la peur, ou le signe d'une aveugle exaltation.

C'est cette sagesse de la liberté qui manque à la
France. Les peuples froids, flegmatiques même, sont,
non pas plus dignes, mais plus capables de pratiquer,
de conserver la liberté que les peuples exaltés, en-
thousiastes. Notre ardeur belliqueuse, notre sang
inflammable nous font briser tous les obstacles. En
un jour, nous obtenons ce qui semblerait exiger les
efforts de longues années, mais le lendemain, étourdis
par le succès, nous oublions d'assurer nos conquêtes,
et en France les victoires de la liberté lui ont été plus
fatales que ses défaites. Chez nous trop souvent la
liberté doit prendre le deuil le lendemain de son
triomphe. Ce qui fait triompher la liberté en France
est ce qui la compromet et la perd. L'insouciance héroïque, le mépris sublime du danger présent, qui font
tout affronter aux Français, leur font aussi tout perdre
par l'imprévoyance du danger à venir. On ne pense
plus chez nous avoir à combattre, quand une fois on
est vainqueur, et, si l'on y songe par hasard, on ne
doute pas que tous les jours ne soient aussi bons pour
vaincre. D'ailleurs le mal français n'est pas l'amour
de la démocratie ni celui de l'égalité, ni *aucun amour;*
le mal français est l'absence de tout sentiment profond et constant ; le mal français est l'imprévoyance.
Notre légèreté joue le rôle de la fatalité chez les

orientaux, et notre indifférence ou notre dédain de l'avenir a le même effet qu'une soumission aveugle à la destinée.

Tout ce qui nous rattachait au passé étant coupé par le tranchant révolutionnaire, et notre caractère ne tenant pas compte de l'avenir, sans tradition, sans croyances sérieuses, ballottés de misères en triomphes et de triomphes en misères, nous précipitant dans des abîmes d'où nous sortons par des retours inespérés de la fortune, nous nous laissons aller à des espoirs chimériques, qui sont la source de cruelles déceptions, ou à des découragements, qui éclatent en plaintes amères, s'ils ne se transforment pas en nouvelles fureurs.

Nous aurons beau changer de constitution, nous donner un maître pour bientôt redevenir nos maîtres, essayer de tous les régimes politiques, nous resterons, cela est à craindre, le jouet de notre mobilité, la stabilité que nous poursuivons fuyant toujours devant nous. Notre tempérament fait notre perpétuel obstacle, notre danger chronique ; c'est lui qu'il faudrait modifier, et c'est ce qui ne se modifie que bien difficilement. Un peuple ne parvient guère à se refaire.

Toutefois, il faut le reconnaître, d'heureux symptômes permettent d'affirmer que des changements considérables se sont produits dans le caractère français, et le temps, avec ses sévères, quelquefois ses cruelles leçons, a corrigé et transformé plusieurs de nos anciennes tendances : l'outrecuidance, l'impatience françaises se font beaucoup moins remarquer aujourd'hui. La nation a senti que les luttes pacifiques de notre époque ne tireraient aucun profit de ce que l'on appelle la *furia francese*. On peut dire que malgré le déchaînement, ou plutôt par suite du déchaînement de quelques fous furieux, la France s'est calmée. Au point de vue politique comme au point de vue industriel, elle a fait de grands progrès. Il ne faut pas oublier que, sous le rapport de la possession et du sage usage de toutes les libertés, la France est un pays jeune encore. Les instruments les plus utiles, les plus nécessaires, sont presque toujours dangereux, quelquefois mortellement, entre les mains des enfants. Un des plus difficiles, un des plus laborieux, un des plus durs, un des plus lents apprentissages est celui de la liberté. Dans les pays où l'on jouit d'une entière liberté, la sauvegarde, la limite de la liberté, ce qui la contient et par là même la maintient, c'est cette grande souveraine, l'opinion, l'opinion du peuple. Il faut que le peuple, par l'expérience comme par l'éducation et par le raisonnement que l'éducation forme, soit convaincu de la nécessité des grands principes qui sont les fondements de la société, laquelle croulerait infailliblement si l'on parvenait à les saper.

Quand le peuple a bien compris ces choses, les grandes commotions qui peuvent menacer l'ordre ne sont presque plus à craindre, et c'est avec bonheur que l'on peut constater que les derniers mois qui ont donné toute carrière à la licence ont fait des excès même de la presse et de la parole, dans les journaux et les réunions publiques, un antidote souverain, plus puissant que toutes les répressions. Les prétentions absurdes, les théories insensées, les élucubrations emphatiques que la compression seule, en cachant leur inanité et souvent leur honteux et détestable mobile, pouvait rendre inquiétantes, sont tombées d'elles-mêmes devant le bon sens public. Le vide des idées, comme la brutalité de la forme, qui cherchait à donner le change sur la stupidité de déclamations aussi sottes que solennelles, sont devenues une vraie lumière pour les hommes du peuple possédant une étincelle de raison. Ces Lycurgues du ruisseau, n'ayant pour imposer leur loi que l'écume de leur parole, la férocité de leur prédication, les crispations, l'épilepsie de leurs gestes, ont donné ce spectacle qui perd sans retour les acteurs, celui d'hommes déguisés en bêtes féroces pour faire frémir et ne provoquant qu'un rire universel.

Dans les dernières élections générales, en mai, le pays a montré une grande mesure, une grande sagacité. Tout en choisissant presque partout les mêmes

hommes, mais en acceptant des promesses nécessaires, et qui changeaient complétement la nature
de l'ancien mandat, les électeurs faisaient de leurs
anciens députés de nouveaux représentants chargés
de contrôler et de restreindre le pouvoir, au lieu de
souscrire aveuglément comme par le passé, à tout
ce que ce pouvoir exigerait. Les dernières élections
générales ont été une révélation, une preuve de
l'intelligence, du progrès politique de la France, par
l'expression très-claire et très-digne de sa volonté.

Les élections de Paris qui, à cette époque, avaient
pu inquiéter par les tendances radicales des députés
élus et qui déjà dans le second scrutin avaient
montré, par l'élection de M. Jules Favre, un revirement dans les esprits, viennent aujourd'hui même
de fournir, suivant nous, un nouvel argument en
faveur du progrès de l'intelligence politique, même
dans la bonne ville de Paris, en choisissant MM. Cré-
mieux, Glais-Bizoin, Emmanuel Arago.

Quant à l'élection de M. Rochefort, c'est l'*émeute*
tentée dans le suffrage universel ou par le suffrage
universel. On ne doit pas s'effrayer de cette manifestation isolée, à laquelle la masse des élections donne
un éclatant démenti.

Ce qui pourrait inquiéter davantage, ce sont les
vœux et le concours qui sont venus en aide à l'élection de la première circonscription de Paris. La
réaction qui voudrait l'émeute dans la rue, souhaite

au moins autant le scandale dans le scrutin. Pour supprimer la liberté, il faut montrer qu'elle est désastreuse et ne peut enfanter que désordre, honte et ruine. Voilà les craintes qui peuvent ébranler certains esprits timides. Mais tout ce qui doit rassurer s'offre avec tant d'évidence et de force que la France ne rétrogradera pas devant la peur des assommeurs, qu'ils portent les hideux haillons des bouges ou la livrée dorée des palais.

Les dernières tentatives d'émeute réprimées uniquement par les citoyens, prouvent, d'un autre côté, que l'idée de l'insurrection est répudiée par le vrai peuple et que la masse a compris que la révolte de la rue, quand le suffrage universel existe, ne saurait être qu'un danger présent, et provoquerait l'avortement des espérances que peut porter l'avenir.

Voilà le compte tranquillisant que le pays peut se rendre de lui-même à lui-même pour maintenir ses volontés, sans sortir des limites du bon sens politique, que ses premières démarches semblent avoir tracées.

Ce qui doit encore augmenter la confiance, c'est le revirement qui s'est produit dans les rangs de l'extrême gauche devant les excès, quel mot employer? devant la frénésie de certains écrits et de beaucoup de discours, devant les outrages, les prétentions absurdes, les questions insultantes, les injonctions dérisoires, les conditions imposant un asservissement

aussi ridicule qu'avilissant. Sans doute un conscien-
cieux mandataire du peuple doit faire cause commune
avec ses commettants Mais aucun homme ayant
le respect de lui-même, le sentiment d'une juste di-
gnité, ne se soumettra à ce que l'on appelle le *mandat
im pératif*, qui ne serait, s'il pouvait se pratiquer, que le plus honteux, le plus dégradant servi-
lisme. En rompant nettement avec la démagogie, la
gauche a donné un gage à l'ordre, et s'est rap-
prochée de la masse de la nation. Car on peut
dire et l'on a déjà dit en toute vérité, croyons-
nous, que l'immense majorité de ceux qui s'occupent
de politique en France, beaucoup moins nombreux
du reste qu'on ne peut le croire, cette immense majorité est, par ses tendances, ce qu'on peut appeler
aujourd'hui *centre-gauche*.

Quant à la masse du pays, elle ne songe nulle-
ment à la politique. Les hommes de bonne foi pourront constater, quand ils le voudront, que les gens de
la campagne et même, dans les villes, la majeure
partie des ouvriers des grandes fabriques et des
usines sont tout entiers à leur travail, à leur métier.
Le résultat positif de leur labeur les occupe uniquement, et ils ne consentent à réfléchir, à raisonner ou
déraisonner sur la politique que si l'on parvient à
leur prouver que leurs travaux et leur bien-être peuvent se trouver menacés ou servis suivant la conduite du gouvernement. Le prix des produits, le

taux des salaires, les circonstances favorables à leur travail, le libre échange ou le régime prohibitif, la mission du capital, les sociétés en participation, etc., voilà ce qui est l'objet constant, dominant, on peut dire exclusif de leurs pensées. Cette abstention politique, cet éloignement pour une agitation étrangère à ce qui les fait vivre, ce besoin de tranquillité, première condition nécessaire à la prospérité générale, les éloigne de tout ce qui peut troubler profondément le pays et y tarir les sources du travail. On peut tirer cette conclusion de cette insouciance politique, que le pays, d'une part, tant que le travail sera alimenté et convenablement rémunéré, ne se prêterait pas à une révolution; d'autre part qu'il choisira presque partout, pour mandataires, des hommes d'ordre, mais avec la mission de réclamer et d'obtenir les changements qui peuvent garantir la sécurité, par conséquent de modifier un état de choses qui livre la nation au caprice d'un homme. C'est dans cet esprit calme et intelligent que se sont faites, par les campagnes et par une grande partie de la population des villes, les élections de mai.

Ces sages dispositions doivent être signalées et mises à l'actif des bonnes conditions où se trouve la France, pour s'affranchir du gouvernement personnel et rentrer en possession d'elle-même.

Sans doute cette importance donnée aux intérêts

matériels, disons mieux, cette unique préoccupation de ces intérêts ne présente pas la plus solide, la plus sûre condition de stabilité que puisse désirer une société. Le point de vue des questions économiques peut varier, le malaise, s'il se produit ou se développe dans un pays, peut y créer des mécomptes, des impatiences, des découragements, des colères, qui fassent passer du désir de la stabilité à celui du changement, et appeler une révolution s'offrant alors comme un remède héroïque. C'est là un des côtés inquiétants de notre époque, où les hommes semblent n'éprouver et ne comprendre que des besoins et des plaisirs physiques. C'est là la grande plaie de notre temps. La souveraine loi de l'ordre social comme les règles de la conduite privée reposent dans l'âme. Et quand la plus grande partie du peuple ne croit à rien en dehors du domaine des faits sensibles, il est à craindre que la soif de ce genre de jouissances auxquelles incessamment il aspire, et dont la nature est de croître toujours, ne crée des prétentions tôt ou tard menaçantes. Il est bien difficile d'admettre que la résignation à des maux que l'humanité ne saura jamais bannir, puisse se trouver ailleurs que dans des principes qui relèvent de l'âme, toute vraie force, toute profonde garantie de l'ordre même matériel se puisant dans la loi morale. C'est de l'âme et de l'idée qui en est le rayon que tout sort, si l'on y veut réfléchir; et,

quand l'homme se détourne de cette suprême source,
il devient le jouet de tout ce qui l'attire matérielle-
ment, sans pouvoir jamais le satisfaire.

On ne rend guère à tout un peuple le sens moral,
s'il l'a perdu ; ce qui lui en peut rester est la seule condition de sa conservation. Mais enfin quand la masse
s'est, pour ainsi dire, matérialisée, il faut prendre
son point d'appui dans cette région inférieure, où,
malgré les mirages qui s'y produisent, on peut dire
que la société est tombée.

Notre pays a conservé, en dépit de tous les efforts
des socialistes, la passion de la propriété. Or, la propriété sans l'hérédité est, pour ainsi dire, décapitée.
Hériter et transmettre, sont les corollaires naturels
de la propriété. Ainsi, ce désir ardent d'*avoir à
soi*, en recueillant d'abord le fruit de son travail,
non-seulement pour vivre soi et les siens, mais pour
se ménager des ressources dans la vieillesse et pré-
parer l'avenir de ses enfants ; la pensée ensuite de re-
cevoir de ses parents ce qu'ils peuvent posséder, et
de laisser aux *siens* ce que l'on aura pu acquérir par
transmission comme par soi-même ; toute cette ambition de posséder prend, en partie, sa source dans le
sentiment de la famille auquel il donne plus de force.
C'est là une des grandes conséquences de l'amour
de la propriété. Or, en France, la propriété est im-
mensément répandue. L'extrême division de la terre
et de tous les biens fonciers, depuis des siècles, se

poursuit et s'accroît, non-seulement par l'égalité des partages entre les enfants, mais encore par le fruit des épargnes consacrées ou à acheter soit de la terre, soit des valeurs. Ces valeurs ont cet avantage, en se répandant, de semer, pour ainsi dire, la propriété de toutes parts. Voilà une des conditions matérielles qui créent en France le besoin de la sécurité, et par conséquent une sérieuse garantie d'ordre.

Toutes les considérations qui précèdent doivent donc persuader que la France est en état de rentrer sans danger en possession d'elle-même.

Elle doit, pénétrée de cette conviction, énergiquement poursuivre la revendication des droits qu'elle entend exercer.

L'Empereur, de son côté, bannissant de vains scrupules, doit se décider à renoncer complétement et sans arrière pensée au gouvernement personnel, quand il considère tant de redoutables épreuves heureusement subies, et alors qu'il convient lui-même que *le bon sens public a réagi contre des excitations coupables.*

Il semble qu'aujourd'hui l'Empereur n'a qu'une chose à faire, c'est de laisser faire la nation par ses représentants. Aussi, et cela a été ressenti péniblement par le Corps législatif et par une grande partie du pays, la prorogation a été plus qu'une maladresse. Il était impérieusement commandé par la situation, immédiatement après le sénatus-consulte, de réunir le Corps législatif pour qu'il se constituât le plus promptement possible. La vérification des pouvoirs devant un ministère qui n'était plus évidemment que provisoire, n'aurait pas provoqué d'aussi vives attaques. Cette vérification immédiate des pouvoirs eût donné une prompte occasion à une majorité de se former, si cela était possible.

Dès que la Chambre eût été constituée, le chef de la majorité (il faut espérer que cette majorité eût pu en trouver un), suivant nous, aurait dû être appelé par l'Empereur pour être chargé de former un ministère.

C'est ce ministère qui alors, au nom de l'Empereur, aurait demandé à la Chambre de nommer une commission pour s'entendre avec les ministres sur les lois qui doivent réaliser les importantes modifications qui sont encore à faire à la constitution. C'est le résultat de ces conférences entre le ministère et la commission de la Chambre qui aurait été présenté à l'Empereur et discuté devant lui en conseil, afin de recueillir ses observations et d'obtenir ensuite son autorisation, pour que ce programme des modifications constitutionnelles devînt la base d'un nouveau sénatus-consulte.

Ce sénatus-consulte, que nous regardons comme

acquis (le Sénat n'aurait sans doute pas eu la prétention de lutter à la fois contre l'Empereur et
contre le pays), aurait dû être présenté à la ratification du peuple. Ainsi, la grave transformation politique qui ne peut plus être différée, nous le croyons,
ces changements profonds de la constitution sans
sortir de la constitution et au moyen de la constitution, s'accompliraient régulièrement et paci-
fiquement. Il nous semble que cette marche est
la seule qui pût être et puisse être, même aujourd'hui, aussi logiquement que prudemment suivie.

Si, par des circonstances bien fâcheuses, les diverses fractions de la représentation nationale ne
pouvaient se fondre en deux groupes principaux,
dont l'un, par une supériorité numérique imposante,
formât une majorité ferme et forte, alors il faudrait
inévitablement avoir recours à une dissolution et à
de nouvelles élections. Espérons que cette grave
éventualité, avec ses conséquences dangereuses, dans
l'état provisoire où nous sommes, ne se présentera
pas ; que cette nouvelle et inquiétante épreuve sera
épargnée au pays. Toutefois, l'homme de la situation n'apparaît pas jusqu'ici. L'autorité manque à
celui-ci, la modération à celui-là, le talent oratoire
à un autre. Certains antécédents ineffaçables éloi-
gnent de l'exercice du pouvoir quelques hommes qui
comprennent, d'ailleurs, que la majorité ne ferait
plus cause commune avec eux, s'il s'agissait non

plus d'acquiescer souvent à leur parole, mais de se livrer à leur direction.

Il faut ajouter qu'il y a des hommes de talent, qui se croyent aptes à reprendre le pouvoir qu'ils ont perdu, et ne peuvent y parvenir qu'en rendant tout autre personnalité impossible. — Voilà le grand danger de la situation : *Pas d'homme.*

Quoi qu'il en soit, le bon sens et la volonté, à la fois, énergique et modérée, de la France, comme l'intelligence et le dévouement patriotique de l'Empereur, dénoueront heureusement, il est encore permis de l'espérer, une redoutable crise.

L'Empereur, dont la volonté doit en ce moment s'effacer devant celle du pays, ou plutôt se confondre avec elle, pourrait, par sa fermeté, déjouer les intrigues et les ambitions qui fermentent autour de lui, et aider puissamment à la formation d'une majorité et au choix de son chef. Il contribuerait pour une grande part à sortir d'une situation vague encore et entourée de difficultés et même de périls.

L'homme qui saurait ainsi sauver le pays par la liberté, après avoir été appelé à le rassurer par la dictature, cumulerait les deux plus grandes gloires que puisse offrir l'histoire : celle d'avoir obtenu le mandat d'un grand peuple, donnant tout pouvoir sur lui et pour lui, et celle d'avoir, sans arrière pensée, restitué au peuple, qui la réclamait, la libre disposition de lui-même.

OBSERVATIONS

SUR LE

DISCOURS PRONONCÉ PAR L'EMPEREUR

LE 29 NOVEMBRE 1869

OBSERVATIONS

SUR LE

DISCOURS PRONONCÉ PAR L'EMPEREUR

LE 29 NOVEMBRE 1869 (1)

Il était naturel de chercher dans le discours de l'Empereur, prononcé le 29 novembre, la solution des diverses questions que posent les deux lettres qui précèdent. Dans ces lettres, nous avions cru pouvoir indiquer l'attitude que Napoléon III aurait pu prendre, la conduite qu'il aurait pu tenir dans les circonstances si graves où la France et lui sont placés. Les déclarations de l'Empereur, la marche qu'il paraît disposé à suivre, les lois qu'il doit faire présenter, celles qu'il laisse, tout en les annonçant, dans les nuages de l'avenir, tout cela est loin de réaliser ce qui semblait commandé par la situation.

Ce discours prouve que les vues et les intentions

---

(1) Voir l'*Appendice* qui reproduit ce discours. Bien que ce discours soit connu de tout le monde, il sera bon de l'avoir sous la main pour le relire posément, et surtout pour pouvoir suivre nos citations.

de l'Empereur ne sont pas celles que nous aimions à lui supposer. Nous allons voir, en parcourant ce document, comment le souverain paraît comprendre, ou plutôt ne pas comprendre la révolution politique qui s'accomplit:

Ce discours, si l'on se rappelle les **discours** prononcés à l'ouverture des sessions précédentes, est fait pour provoquer de l'étonnement chez les uns, de la satisfaction chez les autres. L'étonnement provient, comme la satisfaction, d'une même cause qui produit des effets divers. Cette cause est la **ressemblance** parfaite du fond comme de la forme des pensées, on pourrait dire des sentences qui parsèment ces allocutions.

Ainsi, dans le discours du 29 novembre que nous examinons, on trouve cette phrase :

« *Il n'est pas facile d'établir en France l'usage* » *régulier et paisible de la liberté.* » (**Paragr. 1er.**) Cela est connu et incontestable.

Dans le discours prononcé le 18 janvier de cette année, à l'ouverture de la dernière session de la précédente législature, l'Empereur exprimait la même pensée.

« La tâche que nous avons entreprise ensemble » *est ardue. Ce n'est pas, en effet, sans difficulté* » *qu'on fonde, sur un sol remué par tant de révo-* » *lutions,* un gouvernement assez pénétré des besoins de son époque pour adopter *tous les bienfaits*

» *de la liberté,* assez fort pour en supporter même
» les excès. » (Paragr. 2ᶜ.)

Parmi les maximes qui trouvent régulièrement
place dans les discours de l'Empereur adressés aux
Corps politiques, on rencontre celle qui exprime l'obligation d'être sincère. La sincérité, la franchise
reviennent sans cesse sur les lèvres de Napoléon III.

« La situation exige plus que jamais *franchise* et
» décision. *Il faut parler sans détour...* » (Discours
du 29 novembre 1869, paragr. 1ᵉʳ.)

« Le discours que je vous adresse tous les ans est
» *l'expression sincère* de la pensée qui dirige ma
» conduite. Exposer *franchement* à la nation devant
» les grands Corps de l'Etat la marche du gouverne-
» ment, c'est le devoir du *chef responsable* d'un
» pays libre. » (Disc. du 18 janv. 1869, paragr. 1ᵉʳ.)
Et plus loin :

« Cette régularité des législatures est due à l'ac-
» cord qui a toujours existé entre nous, et à la con-
» fiance que m'inspire *l'exercice sincère du suffrage*
» *universel.* » (Disc. du 18 janv. 1869, paragr. 12ᶜ.)

« La réunion annuelle des grands Corps de l'Etat
» est toujours une occasion heureuse qui rapproche
» les hommes dévoués au bien public, et *permet de*
» *manifester la vérité. La franchise* de nos commu-
» nications *mutuelles* calme les inquiétudes et fortifie
» mes résolutions. » (Disc. du 5 nov. 1863, paragr. 1ᵉʳ.)

Cette constante affirmation de *sincérité*, qui doit être *sincère* de la part de Napoléon III, prouve trop bien le caractère rêveur de sa nature, que nous avons signalé dans notre seconde lettre (1).

Sans doute l'Empereur peut se servir, en toute vérité, dans son discours de 1863, de cette expression : « La franchise de nos communications mutuelles. » Il est certain qu'alors le chef de l'Etat ne déguisait pas sa volonté : il entendait que tout candidat officiel fût à la complète dévotion de son gouvernement, et par conséquent que le Corps législatif, composé presque uniquement, à cette époque, des députés désignés par le pouvoir, lui appartînt ; de son côté, le Corps législatif aurait eu mauvaise grâce à nier, et, par ses votes, déclarait avec la plus éclatante franchise, qu'il était bien la créature du pouvoir.

Mais lorsqu'il prononce, dans le discours du 18 janvier 1869, ces mots du paragraphe 12ᵉ, cités plus haut :

« ... La confiance que m'inspire l'exercice *sincère* » *du suffrage universel*, » l'Empereur, ici, se fait illusion, car il ne pourrait, s'il ne s'abusait lui-même, songer, un moment, à faire illusion aux autres. — Ou son ministre de l'Intérieur, sous l'inspiration du principal ministre, a .conduit les élections à l'insu du Chef de l'État, ce qui est bien difficile à

____

(1) Voir p. 33.

croire, et ce qui d'ailleurs, suivant la constitution, ne couvrirait pas l'Empereur, puisqu'il est seul responsable ; ou l'Empereur a ordonné d'employer toute la pression que l'administration peut exercer, quand le candidat officiel rencontrait un concurrent important. Ce dilemme qui se pose naturellement ne permet d'admettre la sincérité de l'Empereur, qu'en supposant un profond aveuglement ou plutôt une ignorance absolue de ce qui se passait, par conséquent une abstention complète du souverain dans la direction des élections, malgré l'importance si grave que les élections peuvent avoir pour le souverain et pour le pays.

Si l'Empereur a su la conduite tenue par son ministre ou, ce qui revient au même, s'il a ordonné que cette conduite fût tenue, que penser de *cet exercice sincère du suffrage universel* que proclame le monarque et auquel il attribue « l'accord qui a toujours » existé entre lui et le pays. »

On est bien plus surpris encore de l'illusion que peut se faire le souverain, nous ne dirons pas de l'illusion qu'il veut produire, quand on lit cette phrase : « Elle (la France) n'ignore pas non plus que j'ai été » le premier à vouloir un contrôle rigoureux de la » gestion des affaires, que j'ai augmenté à cet effet » les attributions des assemblées délibérantes, per » suadé que le véritable appui d'un gouvernement » est dans l'*indépendance* et le patriotisme des

» grands Corps de l'État.» (Disc. du 18 janvier 1869, fin du 14⁰ paragraphe.) Il suffit de citer une pareille phrase. Pour concevoir qu'elle ait pu être prononcée, il faudrait avoir oublié qu'aux élections de 1863, le gouvernement rejeta une partie notable des anciens candidats qu'il avait patronnés et fait élire, parce que dans une ou deux circonstances, et notamment dans une question qui concernait le Saint-Siége (1), ces députés, aussi dévoués à l'Empereur et à sa dynastie qu'à la constitution, s'étaient permis de voter suivant leur conscience.

Mais, laissons ces considérations secondaires, bien qu'elles prouvent, pour leur part, une connexité, au étrange, entre les paroles de l'Empereur, prononcées avant le Sénatus-Consulte, et celles qu'il prononce depuis qu'il a été rendu.

En effet, le Sénatus-Consulte, malgré la responsabilité illogique de l'Empereur, qu'il a conservée tout en rendant les ministres responsables, donne le droit au Corps législatif de se constituer, celui d'interpellation, celui surtout de proposer des lois, ou droit d'initiative parlementaire. Ce Sénatus-Consulte a opéré par là une véritable révolution constitution-

______

(1) Une pareille rigueur paraît d'autant plus étrange que cette question fut résolue plus tard, avec l'assentiment et à la satisfaction du gouvernement, dans le sens qu'avaient indiqué ces mêmes hommes, une seule fois opposants.

nelle. Ces modifications bien qu'incomplètes, à la rigueur, et avec le temps pourraient suffire, parce qu'elles contiennent en germe et produiront forcément toutes les réformes encore nécessaires, conséquences inévitables de celles qui sont faites.

Le pouvoir, par suite de ces deux ou trois articles qui modifient la constitution, a passé des mains du Chef de l'État à la représentation nationale. En un mot, aujourd'hui même, dans l'état actuel de la puissance respective de l'Empereur et du Corps législatif, le pouvoir dirigeant se trouve résider virtuellement dans la majorité de l'Assemblée élue périodiquement par le suffrage universel et fortifiée, à chaque législature, par l'expression de la volonté actuelle de la nation.

C'est donc aux proportions d'un souverain constitutionnel que le pouvoir de Napoléon III est dès à présent inévitablement réduit. C'est là ce que Napoléon III devrait reconnaître et proclamer le premier.

Malheureusement, l'attitude qu'il conserve, les paroles qu'il fait entendre, donnent à penser qu'il n'a pas bien compris ou qu'il n'a pas encore voulu comprendre la portée de ce qui vient de s'accomplir. Il semble qu'il *octroye* au Pays et qu'il lui dose ses nouvelles libertés. Sans doute, en 1851 et 1852, il a reçu le pouvoir constituant. De qui le tenait-il ?... de la nation. Mais la nation le lui a donné dans des conditions explicites, qui établissent le droit consacré par la constitution elle-même, de modifier cette constitution jusque dans ses *bases fondamentales*. La France ne s'est donc pas liée à un état de choses invariable. Tout le monde le comprend, et nous croyons, pour notre part, l'avoir suffisamment prouvé... Ces bases fondamentales, dans leur esprit tout au moins, sont profondément atteintes par les réformes déjà accomplies. Le pouvoir constituant, par cette évolution, remonte donc à sa source, et ce grand tort d'*octroyer* au peuple ce qu'il est en droit de réclamer (la doctrine du droit divin, dont on a fait une arme si terrible contre la Restauration, et qui seule justifierait cette prétention, ne pouvant se produire ici), ce grand tort peut logiquement être allégué contre celui dont le droit émanant du peuple, croirait pouvoir conférer des droits au peuple.

Cette trop juste appréhension d'une erreur si profonde, si grave, si périlleuse pour tous, l'Empereur fait et a fait ce qu'il faut pour la produire et l'encourager, et n'a pas fait ce qu'il aurait fallu faire pour l'empêcher de naître, et ne fait pas davantage ce qu'il faudrait faire pour la détruire.

Ainsi il a prononcé, dans son discours du 28 janvier de cette année, ces paroles que son discours du 29 novembre est loin de démentir : « Soutenu par » votre approbation et votre concours, *je suis bien*

» *résolu* à persévérer dans la voie que je me suis
» tracée, c'est-à-dire à accepter tous les progrès vé-
» ritables, mais aussi à maintenir hors de toute dis-
» cussion les bases fondamentales de la constitution
» que le vote national a mises à l'abri de toute atta-
» que. » (Paragr. 13ᵉ.) Nous ne savons pas si le vote
national a mis les bases fondamentales à l'abri de
toute attaque, mais nous sommes certain qu'il ne
les a pas mises à l'abri de toute atteinte, puisque la
constitution, par un plébiscite, prévoit des modifications à ces bases fondamentales et indique les moyens
de les accomplir. (Art. 32 de la Constitution.)

Nous avons dit que l'Empereur dosait, en quelque
sorte, les libertés au pays, en les lui préparant, en
les lui distribuant. Le discours du 29 novembre, sans
doute par suite de l'épidémie régnante, contient aussi
un programme (1) présenté avec une habileté qu'on
doit reconnaître. Une partie de ce programme, nous
l'avons déjà remarqué, reste dans de prudentes té-
nèbres : « D'autres questions importantes, dont la
» solution n'est pas encore prête, ont été mises à
» l'étude. » (Paragr. 12ᵉ.)

(1) La fièvre des manifestes ou programmes a saisi tout le monde. Le
but en général est de déterminer le *régime hygiénique* de la liberté en
France. Moi aussi je viens, sans rien spécifier cependant, présenter le
mien. On fait des programmes individuellement, puis par groupes. Les
programmes particuliers se fondent dans ceux des groupes, et ceux des
groupes se fondent quelquefois entre eux. S'il pouvait n'y avoir qu'un
programme pour tout le monde !

Dans ce discours nous rencontrons encore quelques phrases qui, à plusieurs égards, peuvent prêter
à une interprétation peu satisfaisante, et dans lesquelles on découvre que l'Empereur prend le change
sur les vœux de l'opinion, sur ce que le pays peut
attendre de lui, comme sur les points où il désire ne
plus être dans la nécessité de l'invoquer.

On trouve, par exemple, dans le dernier discours
ces paroles : « ..... Il faut dire hautement quelle est
» la volonté du Pays. » (Paragr. 1er.). D'abord qui
doit la dire ? Il semble que ce n'est pas l'Empereur
qui est chargé de parler aujourd'hui pour la France,
puisque la France a nommé des mandataires chargés de faire connaître ses volontés à l'Empereur
et, que c'est aux dépens du pouvoir du souverain
que le pays doit exercer son droit de revendication.

Mais, admettons que l'Empereur se fasse l'inter-
prète de la volonté nationale, pourquoi fait-il suivre
cette phrase banale : « la France veut la liberté, mais
avec l'ordre » de celle-ci : « L'ordre, *j'en réponds.* »
(Paragr. 2e.) Ces mots simples et qui ont fait éclater
en applaudissements la satisfaction de tous ceux qu'ils
rassuraient peuvent être considérés d'abord comme
passablement présomptueux. Sans doute l'armée mar-
cherait avec l'Empereur pour combattre le désordre
et l'anarchie ; mais c'est parce que la masse de la
nation serait avec l'Empereur, que l'Empereur pour-

rait disposer de l'armée. Si l'opinion publique changeait ou si Napoléon III bravait l'opinion publique, l'armée qui est composée de citoyens, c'est-à-dire d'hommes qui ne sont pas devenus étrangers au pays parce qu'ils sont soldats, serait-elle à la disposition de l'Empereur ? Nous ne le croyons pas... On a vu ce que deviennent les meilleures troupes, dès qu'elles croient, et à tort peut-être, que l'assentiment de la nation ne les soutient pas.

De plus, ces trois mots : « j'en réponds, » nous paraissent bien plus inquiétants que tranquillisants.

Ce *moi* qu'articule Napoléon III comme la garantie souveraine de l'ordre, comme la suprême condition de sécurité, ce *moi* peut être atteint par tout ce qui menace l'humanité... Quand le sort d'une nation, quand sa tranquillité reposent sur la tête d'un homme, il faut tout faire pour chercher une plus solide garantie... C'est précisément cette *nécessité* de l'existence d'un homme, jeune ou vieux, qui nous semble offrir un grand sujet d'inquiétude et de crainte... C'est de cette situation que la France prétend sortir.

Après cette phrase : « L'ordre, j'en réponds » qui rappelle cette fameuse phrase prononcée à Bordeaux : « La France ne périra pas dans mes mains, je vous en réponds... » l'Empereur ajoute : « Aidez-moi, messieurs, à sauver la liberté. »

Comment! vous déclarez, quelques lignes plus

haut, que : « Le bon sens public a réagi contre des » exagérations coupables;... que d'impuissantes at- » taques n'ont servi qu'à montrer la solidité de l'édi- » fice fondé par le suffrage de la nation ! »... Et vous sentez le besoin d'intervenir, et vous invoquez le se- cours des grands Corps politiques pour sauver la liberté dont les excès n'ont fait que *consolider* l'*édi- fice!!*... Il est vrai qu'après la phrase par laquelle vous rendez justice au bon sens public et proclamez qu'il a consolidé votre œuvre, vous placez immédia- tement celle-ci : « Néanmoins l'incertitude et le » trouble qui existent dans les esprits » (il paraît que les esprits ne participent pas au bon sens public) « ne » sauraient durer. » Il est difficile de se reconnaître dans ces affirmations contraires, et d'y découvrir ce que veut dire l'Empereur et quel parti il veut pren- dre.

Quoi qu'il en soit, bien que l'Empereur n'ait pas fait avec élan (1) le sacrifice de son pouvoir, ce qui eût été trop demander à la nature humaine et surtout à la nature de Napoléon III, bien qu'il n'ait pas franchi tout d'un coup l'énorme distance qui sépare le pou- voir d'un seul du pouvoir de tous, nous sommes convaincu que le pays atteindra le but qu'il se pro- pose, c'est-à-dire de devenir seul responsable de lui- même. Sa fermeté comme sa sagesse, dont il donne

---

(1) Voir la seconde lettre, pp. 42 et 43.

des preuves chaque jour, et hier encore dans une
élection relativement raisonnable, faite par un ar-
rondissement de Paris, où une réaction salutaire s'est
très-fortement manifestée (les chiffres des votes le
prouvent), doivent faire beaucoup espérer. La question aujourd'hui n'est pas d'atteindre le but. Le pays
est certain d'y arriver. La formation, si nécessaire
d'une majorité pour faire porter à la situation tous
ses fruits, semble s'accomplir et ne laissera plus
d'hésitation à l'Empereur, ni d'inquiétude à la nation. Mais la grande question est de bien déterminer
ce but pour ne pas rester en deça et pour ne pas le
dépasser. C'est là le travail le plus important, le plus
difficile et qui exige à la fois le sens politique le plus
sûr, la connaissance la plus profonde du caractère de
notre pays, une prudence et une détermination rares.

La marche qui nous semblerait pouvoir permettre
de réaliser, avec le plus de lumière, et à la fois avec
une maturité qui n'exclurait pas la promptitude, l'ensemble des modifications constitutionnelles, nous
l'avons indiquée dans les dernières pages de notre
seconde lettre (1).

L'assemblée une fois constituée, et un ministère,
expression de la majorité, étant formé, *sur la demande* de ce ministère, une commission de la chambre pourrait être déléguée par elle pour travailler, de

____

(1) **Voir** pp. 68, 69 et 70.

concert avec les ministres, qui prendraient l'avis du
Conseil d'État, à formuler les lois principales devant
compléter les réformes désirables. Le résultat de ce
travail serait présenté à l'Empereur, exposé et discuté en dernier ressort devant lui. On demanderait,
après être tombé d'accord avec lui sur cette œuvre
capitale, son autorisation pour que le sénat en fût saisi,
afin d'avoir à faire un Sénatus-Consulte. Ce Sénatus-
Consulte devrait, pour suivre toujours les prescrip-
tions de la constitution qui régit encore la France,
être présenté à l'acceptation du peuple.

Que cette marche qui semble la plus logique et la
plus constitutionnelle soit suivie, ou qu'une autre
soit adoptée, mais dans un même esprit, nous parvien-
drons, on est autorisé à le croire, à sortir heureusement d'une crise redoutable. C'est ainsi que la France,
nous en avons l'espoir, verra sa fermeté et sa modération couronnées de succès. Elle se sera préparé
ainsi une ère de sécurité et de bien-être, et l'on reconnaîtra, pour employer une comparaison tirée de
l'Évangile dont l'Empereur s'est servi, dans un de
ses discours (1), on reconnaîtra le bon arbre à ses
fruits.

---

(1) Discours du 18 janvier 1869, 14ᵉ paragraphe.

DISCOURS

PRONONCÉ

PAR L'EMPEREUR

DEVANT LE SÉNAT ET LE CORPS LÉGISLATIF

DANS LA SÉANCE DU 29 NOVEMBRE 1869

DISCOURS

PRONONCÉ

PAR L'EMPEREUR

DEVANT LE SÉNAT ET LE CORPS LÉGISLATIF

DANS LA SÉANCE DU 29 NOVEMBRE 1869

« Messieurs les Sénateurs,

« Messieurs les Députés,

« Il n'est pas facile d'établir en France l'usage régulier et paisible de la liberté. Depuis quelques mois, la société semblait menacée par des passions subversives, la liberté compromise par les excès de la presse et des réunions publiques ; chacun se demandait jusqu'où le Gouvernement pousserait la longanimité. Mais déjà le bon sens public a réagi contre des exagérations coupables ; d'impuissantes attaques n'ont servi qu'à montrer la solidité de l'édifice fondé par le suffrage de la Nation. Néanmoins, l'incertitude et le trouble qui existent dans les esprits ne sauraient durer, et la situation exige plus que jamais franchise et décision. Il faut parler sans détour et dire hautement quelle est la volonté du Pays.

» La France veut la liberté, mais avec l'ordre.
L'ordre, j'en réponds. Aidez-moi, Messieurs, à sauver la liberté ; pour atteindre ce but, tenons-nous à
égale distance de la réaction et des théories révolu-
tionnaires. Entre ceux qui prétendent tout conserver
sans changements et ceux qui aspirent à tout renverser, il y a une place glorieuse à prendre.

» Lorsque j'ai proposé le sénatus-consulte de
septembre dernier comme conséquence logique des
réformes précédentes et de la déclaration faite en mon
nom par le Ministre d'Etat, le 28 juin, j'ai entendu
inaugurer résolûment une ère nouvelle de conciliation et de progrès ; de votre côté, en me secondant
dans cette voie, vous n'avez pas voulu renier le passé,
désarmer le pouvoir, ni ébranler l'Empire.

» Notre tâche consiste maintenant à appliquer les
principes qui ont été posés, en les faisant entrer dans
les lois et dans les mœurs.

» Les mesures que les ministres présenteront à
votre approbation ont toutes un caractère sincèrement libéral ; si vous les adoptez, les améliorations
suivantes se trouveront réalisées.

» Les maires seront choisis dans le sein des Conseils
municipaux, sauf dans des cas exceptionnels prévus
par la loi ; à Lyon, comme dans les communes sub-
urbaines de Paris, la formation de ces Conseils sera
dévolue au suffrage universel ; à Paris, où les intérêts
de la ville se lient à ceux de la France entière, le

Conseil municipal sera élu par le Corps législatif, déjà investi du droit de régler le budget extraordinaire de la capitale.

» Des conseils cantonaux seront institués principalement pour relier les forces communales et en diriger l'emploi.

» De nouvelles prérogatives seront accordées aux Conseils généraux.

» Les Colonies participeront elles-mêmes à ce mouvement de décentralisation.

» Enfin une loi, élargissant le cercle où se meut le suffrage universel, déterminera les fonctions publiques compatibles avec le mandat de député.

» A ces réformes d'ordre administratif et politique viendront s'ajouter des mesures législatives d'un intérêt plus immédiat pour les populations : — développement plus rapide de la gratuité de l'enseignement primaire ; diminution des frais de justice ; dégrèvement du demi-décime de guerre qui pèse sur les droits d'enregistrement en matière de succession ; accès des caisses d'épargne rendu plus facile et mis à la portée des populations rurales, par le concours des agents du Trésor ; règlement plus humain du travail des enfants dans les manufactures ; augmentation des petits traitements.

» D'autres questions importantes, dont la solution n'est pas encore prête, ont été mises à l'étude.

» L'enquête relative à l'agriculture est terminée, et

d'utiles propositions en sortiront dès que la Commission supérieure aura déposé son rapport.

» Une autre enquête relative aux octrois est commencée.

» Vous serez saisis d'un projet de loi de douane reproduisant les tarifs généraux qui ne donnent lieu à aucune contestation sérieuse ; quant à ceux qui ont soulevé les vives réclamations de certains industriels, le Gouvernement ne vous fera de proposition qu'après s'être entouré de toutes les lumières propres à éclairer vos délibérations.

» L'Exposé de la situation de l'Empire présente des résultats satisfaisants. Les affaires ne se sont pas arrêtées, et les revenus indirects, dont l'accroissement naturel est un signe de prospérité et de confiance, ont donné jusqu'ici 30 millions de plus que l'année dernière. Les budgets courants offrent de notables excédants, et celui de 1871 permettra d'entreprendre l'amélioration de plusieurs services et de doter convenablement les travaux publics.

» Mais il ne suffit pas de proposer des réformes, d'introduire des économies dans les finances et de faire de la bonne administration, il faut encore que, par une attitude nette et ferme, les pouvoirs publics, d'accord avec le Gouvenement, montrent que, plus nous élargissons les voies libérales, plus nous sommes résolus à maintenir intacts, au-dessus de toutes les violences, les intérêts de la société et les principes de la Constitution. Un gouvernement qui est l'expression légitime de la volonté nationale, a le devoir et le pouvoir de la faire respecter, car il a pour lui le droit et la force.

» Si de l'intérieur mes regards se portent au delà de nos frontières, je me félicite de voir les puissances étrangères entretenant avec nous des relations amicales. Les Souverains et les Peuples désirent la paix et s'occupent des progrès de la civilisation

» Quelques reproches qu'on puisse faire à notre époque, nous avons cependant bien des raisons d'en être fiers : le nouveau monde supprime l'esclavage ; la Russie affranchit les serfs ; l'Angleterre rend justice à l'Irlande ; le bassin de la Méditerranée semble se rappeler son ancienne splendeur ; et de la réunion à Rome de tous les évêques de la catholicité on ne doit attendre qu'une œuvre de sagesse et de conciliation.

» Les progrès de la science rapprochent les nations. Pendant que l'Amérique unit l'océan Pacifique à l'Atlantique par un chemin de fer de mille lieues d'étendue, partout les capitaux et les intelligences s'entendent pour relier entre elles, par des communications électriques, les contrées du globe les plus éloignées. La France et l'Italie vont se donner la main à travers le tunnel des Alpes ; les eaux de la Méditerranée et de la mer Rouge se confondent déjà par le canal de Suez. L'Europe entière s'est fait représenter en Égypte à l'inauguration de cette entreprise gigantesque, et si aujourd'hui l'Impératrice n'assiste pas à l'ouverture des Chambres, c'est que j'ai tenu à ce que, par sa présence dans un pays où nos armes se sont autrefois illustrées, elle témoignât de la sympathie de la France pour une œuvre due à la persévérance et au génie d'un Français.

» Vous allez, Messieurs, reprendre la session extraordinaire, interrompue par la présentation du Sénatus-Consulte. Après la vérification des pouvoirs, la session ordinaire commencera immédiatement. Elle amènera, je n'en doute pas, d'heureux résultats. Les grands Corps de l'Etat, plus intimement unis, s'entendront pour appliquer loyalement les dernières modifications apportées à la Constitution.

» La participation plus directe du Pays à ses propres affaires sera pour l'Empire une force nouvelle. Les assemblées ont désormais une plus grande part de responsabilité : qu'elles l'emploient au profit de la grandeur et de la prospérité de la Nation! Que les diverses nuances d'opinions s'effacent lorsque l'intérêt général l'exige, et que, par leurs lumières comme par leur patriotisme, les Chambres prouvent que la France, sans retomber dans de regrettables excès, est capable de supporter les institutions libres qui sont l'honneur des pays civilisés. »